Engel, Bengel, Botzestengel

Tommy Engel

Engel, Bengel, Botzestengel

mit
Joachim Brücher

Kiepenheuer & Witsch

© 1991 by Verlag Kiepenheuer & Witsch, Köln
Umschlag Rudolf Linn, Köln
Foto Karl Becker
Gesamtherstellung Clausen & Bosse, Leck
ISBN 3 462 02128 1

Inhalt

Dieses Buch ist all meinen
Geschwistern gewidmet.

Vorwort

Eigentlich ist man natürlich mit 41 Jahren noch nicht an dem Punkt angelangt, an dem man sein Leben Revue passieren läßt, allerdings gilt dies vielleicht nicht in gleichem Maße für Musiker: Man weiß ja nie, wie lange eine Band existiert und Erfolg hat oder wie lange eine Karriere dauert. Deswegen dachte ich eine ganze Weile über den Vorschlag nach, ein solches Buch zu schreiben und fragte mich: Was sollst du überhaupt erzählen, tangieren viele Dinge nicht die Intimsphäre deiner Familie und Freunde? Und: Ist es denn richtig, über interne Probleme der Band zu berichten? Als ich mir dann darüber im klaren war, daß dieses Buch erscheinen kann, kam das nächste Problem auf mich zu: Alleine schreiben war fast unmöglich. Die Auftritte mit den Fööss, die Arbeit an einem Plattenprojekt mit Arno Steffen und Rolf Lammers ließen mir wenig Zeit. Ich brauchte jemanden, der das, was ich auf Papier und auf Band brachte, in Kapitel faßte. Nur, das war leichter gesagt als getan. Es sollte schon jemand sein, der mich kennt und versteht, der mit meinen Macken zurechtkommt und gleichzeitig in der Kölner Szene Durchblick hat. Helge Malchow von Kiepenheuer und Witsch fragte sofort: »Wer soll das denn sein, hast du jemanden im Auge?«
Ich hatte! Joachim Brücher, kurz Archie, kennt mich selbst seit 20 Jahren, kannte auch die Beatszene der 60er Jahre, hatte selbst Anfang der 70er Jahre eigene Rockkonzerte veranstaltet und einige Kölner Gruppen gemanagt. Archie kennt sich auch heute noch in der Kölner Musiker-Szene gut aus und kennt auch bestens die Problematik der Bläck Fööss. Als Redakteur des EXPRESS hat er regelmäßig über die Fööss berichtet und, was vielleicht noch wichtiger ist, einige Dinge eben auch für sich behalten. Tauchten in den letzten Jahren Schwierigkeiten in der Band auf, saß er mit den Fööss öfter an einem Tisch. In der Anfangsphase standen

aber die Sterne erst einmal gar nicht günstig für das Buch: Im Juli 1990 fuhr ich mit Archie, seiner Frau Claudia und Marlene in einem Wohnmobil in die Bretagne. Mehr als ein Tonband kam aber bei dieser Reise nicht zustande, denn nach einigen Tagen mußte Archie wegen einer heftigen Sonnenallergie die heiße Bretagne fluchtartig räumen und mit dem Flieger von Quimper nach Paris jetten und per Nachtzug nach Köln zurückkehren. Danach suchten wir dann in Köln nach einem geeigneten Raum, wo wir in aller Ruhe und Zurückgezogenheit unsere Arbeit fortsetzen konnten. Meck Hagen, Mitbesitzer der Reinigungsfirma ESBONA, half sofort und stellte uns für die Arbeit kostenlos ein Firmenbüro in der Severinstraße zur Verfügung. Wenn wir tagsüber arbeiteten, trafen wir uns vorher im gegenüberliegenden Café Breuer und frühstückten erstmal richtig. Manchmal schrieben wir auch bis tief in die Nacht. Oft saß Archie auch alleine im

Büro und setzte das um, worüber wir auf Tonband diskutiert haben. Eine Session fand auch in der Eifel statt, in Volker Rohdes Wochenendhaus. Es war eine Menge Arbeit. Denn so einfach ist es gar nicht, sich richtig an die zurückliegenden 41 Jahre seines Lebens zu erinnern. Dafür waren eine Menge Recherchen bei meinen Geschwistern und Freunden notwendig. Ich mußte in alten Photoalben und Archiven herumstöbern. Ich hoffe, daß in diesem Buch immer der richtige Ton gefunden wurde. Vor allem bei ernsten Themen, die einfach dazugehören. Mir hat die Arbeit, je länger ich daran saß, großen Spaß gemacht. Ich hoffe, dies spürt auch der Leser bei der Lektüre von »Engel, Bengel, Botzestengel«. Ich danke allen Freunden und Bekannten, die mir Material zur Verfügung gestellt haben und mir Hilfe bei der Arbeit geleistet haben, insbesondere meiner Schwester Hanni und Erry Stoklosa.

Tommy Engel
Köln, im Juli 1991

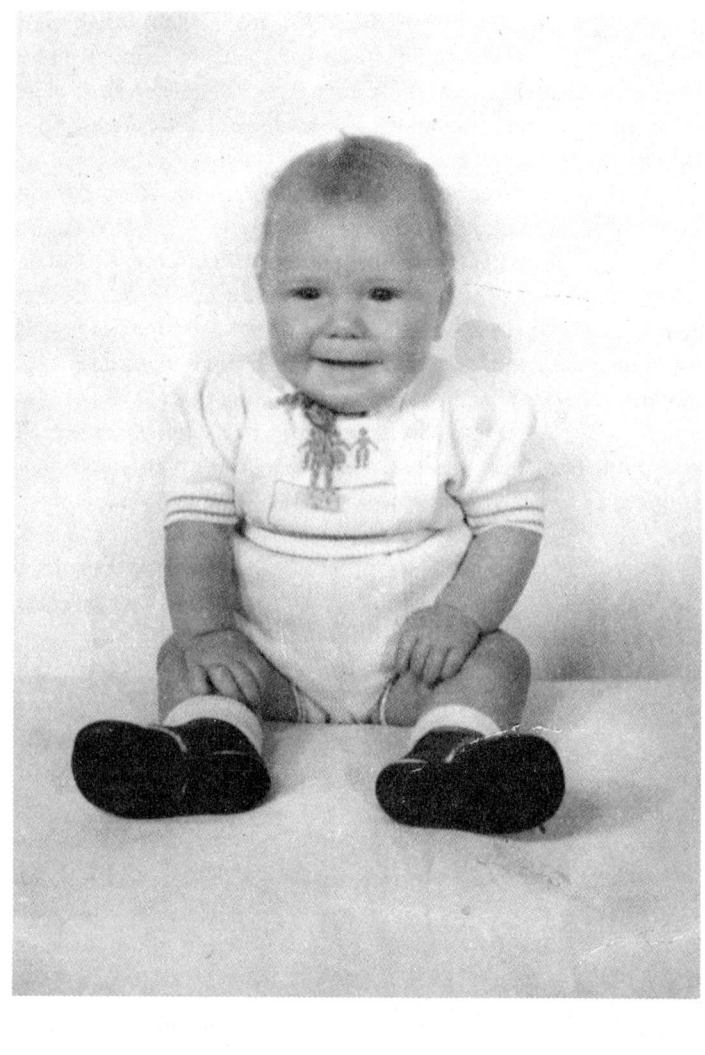

Auf die Schnauze gefallen

Kindheit

28. November 1949, 11.00 Uhr, Lotharstraße 30, Parterre links: Richard Engel läuft aufgeregt zwischen Diele, Wohnzimmer und Küche hin und her. Dabei hat er das, was in einer Viertelstunde geschehen soll, schon neunmal miterlebt. Zwei seiner fünf Töchter, Henny (14) und Ulli (12) sitzen mit Tante Anne einträchtig im Wohnzimmer zusammen. Am meisten aber fiebert Marga (11) in der Schule dem Ereignis entgegen. Endlich wird sie nicht mehr die Jüngste, das wohlbehütete Nesthäckchen der Familie sein. Sohn August (18) hat sich dagegen mit seinen Brüdern Albert (20), Peter (19) und Josef (16) verdrückt. Ihn tangiert die Aufregung weniger. Vermutlich ahnt er schon, daß er mit einem Schlag nicht mehr der Lieblingssohn von Vater Richard sein wird. Das ist so, wenn sich nach neun Kindern und elf Jahren Pause wieder Nachwuchs ansagt. Um 11.15 Uhr ist es dann soweit. Der jüngste Engel ist geboren. Mit leichten Startschwierigkeiten. Die Hebamme muß dem Kleinen erst sechsmal auf den Hintern klopfen. Dann atmet er zum erstenmal Sülzer Luft ein, die er mit einem lauten Brüller wieder ausatmet. Ein Junge – Thomas Richard Engel.

Mein Vorname stand schon weit vor meiner Geburt fest. Bei einem Auftritt meines Vaters mit seiner Gruppe, den »Vier Botze«, hatte der damalige Prinzengarde-Chef und Festkomitee-Präsident Thomas Liessem nicht nur dem Publikum erklärt, daß »Rickes« Engel nach elf Jahren zum zehntenmal Vater wird. Er hatte vom Elferrats-Tisch auch gleich verkündet: »Wenn dat ne Jung weed, dann heiß dä Thomas. Un ich bin d'r Patühm.« Mein Vater war einverstanden. Außerdem wurde dem Festkomitee-Präsidenten Thomas Liessem ohnehin nur selten widersprochen.

Während Schwester Mia (16) schon einen festen Freund hatte,

Vergnüglich lachten die „Vier Botze"

Patenonkel Thomas Liessem und „et eeschte Fahrgeld"

Vor dem Krieg saß Thomas Liessem einmal mit den „Vier Botze" im Gürzenich, ulkte den kinderreichen Richard Engel an: „Wann d'r Storch noch ens kütt, spillen ich Pattühm!"

„Do beß dran", erinnerte der Teilhaber des fröhlichen Quartetts vor einigen Tagen den großen Thomas an sein Versprechen. Als spätes Glück hat sich noch ein zehntes Engelchen eingefunden, ein kleiner Thomas-Richard. So geriet Thomas Liessem gestern als Pate in die Nikolauskirche, hielt lächelnd ein Menschlein auf dem Arm, als hätte er zeitlebens nur kleine Kinder gehätschelt.

„D'r reinste Himmel, alles Engele", sagte er gelassen inmitten der großen Kinderschar. Sogar der Geistliche mußte über solch herrlichen Mutterwitz herzlich lachen, aber am vergnüglichsten lachten die Vier Botze, die vollzählig an ihrem Familienfest teilnahmen.

Mit großer Spannung wurde zu Hause am Kaffeetisch orakelt und überlegt, ob das kleine Bötzge später mit derselben Begeisterung in den Fasteleer steigen wird wie Papa und Pattühm. Die Marschrichtung hat Thomas Liessem eigentlich schon vorgezeichnet, indem er diskret ein blaues Büchlein hervorzog, das die Sparkasse mit der lustigen Zahl 111 verpflichtet und eine handschriftliche Widmung enthält: „Däm kleine »Bötzge« et eeschte Fahrgeld för dä wigge Wäg en d'r Fastelovend vun singem Pattühm Thomas Liessem."

Aber alle Zweifel sind ausgeschlossen. Wer schon in der Wiege so liebenswürdig die erste Einführung in d'r kölsche Fasteleer erhält, ist bestimmt ein Anwärter für stürmische Klatschmärsche in die Bütt. Vorläufig übt Thomas-Richard noch den munteren Gesang der Wickelkinder und macht sich keine Gedanken darüber.

ite

Kindtaufe bei den Vier Botze. Thomas Liessem hält in der Nikolauskirche in Sülz als Taufpate das zehnte Bötzchen „Thomas Richard" im Arm, hinter ihm die Vier Botze, links auf dem Foto das Großelternpaar Engels.

Foto: Spielmans

kloppten sich Ulli, Marga und Henny noch darum, mich zu wik- keln, zu füttern und auf dem Arm durch die Wohnung zu tragen. Allerdings merkten die Mädels mit zunehmendem Alter, daß die anfängliche Spielerei mit dem kleinen Bruder in richtige Arbeit ausartete, zumal meine Schwestern anfingen zu poussieren. Doch selbst ins Kino durften Ulli, Marga und Henny später nur, wenn sie mich mitnahmen. An einem Sonntagmorgen um 11 Uhr, ich war gerade zwei Jahre alt, lief in der Frühvorstellung im »Roland«-Kino an der Berrenrather Straße der Film »Aben- teuer der Südsee«. Als Tyronne Power gerade seine Filmpartne- rin auf der Leinwand küßte, meinte ich zu Schwester Ulli: »Ich muß emal Pipi.« Meine Schwester beeindruckte das nicht son- derlich: »Dat jeit jetzt nit. Jeh allein auf d'r Klo.« »Allein hab ich Angst«, gab ich ihr zu verstehen. »Dann mach hier Pipi«, flü- sterte Ulli, ohne dabei den Blick von der Leinwand zu wenden. Der Aufforderung kam ich sofort nach...

Am meisten hatte aber meine jüngste Schwester Marga unter mir zu leiden. Denn kurz nach der Geburt hatte sie beim Anblick meiner roten Bäckchen gemeint: »Och, wat es dä lecker.« Meine Mutter überlegte gar nicht lange und sagte trocken: »Wenn du dä su lecker fingks, dann kanns de dä och jroßtrecke.« Abend für Abend saß Marga also an meinem Kinderbett und sang mich in den Schlaf, während ihr Freund Theo auf der Straße auf sie war- tete. Sie hatte ein Riesen-Repertoire an Kinderliedern. Wenn ich dann langsam eingeschlafen war und sich Marga vom Bett zurück- ziehen wollte, wachte ich wieder auf und verlangte eine Zugabe. Sie konnte einfach schön singen. War ihr Repertoire erschöpft, ließ sich Marga auch eigene Texte einfallen, die mich noch mehr begeisterten. Ein Lied wurde in unserer Familie zu einem Hit: »Alle geh'n und steh'n an mir vorbei.« Worte, die offenbar ihre damaligen Gefühle wiedergaben. Als Junge konnte ich mir später nicht erklären, warum Theo mich links liegen ließ. Erst 25 Jahre später, als ich selbst längst Vater war, hab' ich ihn darauf ange- sprochen. Seine Antwort: Wenn er mit meiner Schwester allein sein wollte, hätte ich ihm immer die Tour vermasselt.

Sonntags wurde ich fein gemacht. Kurze Hose, grau-grünes Trachtenjäckchen, Wollkniestrümpfe und Lauflern-Schühchen. In diesem Outfit prominierte Marga mit mir über die Lotharstraße. Mein Vater lag meist im Hochparterre-Fenster und freute sich, wie schön der Kleine schon laufen konnte. Wie süß muß das erst aussehen, wenn er wie ein Großer die Hände in die Tasche steckt und allein läuft, dachte Marga und empfahl mir: »Tu mal deine Händchen in de Tasch'. Un lauf emal.« Das tat ich dann auch. Ich steckte meine Hände in die Tasche und lief los. Nach wenigen Metern war aber mein Oberkörper offensichtlich schneller als meine kleinen Beine. Ich verlor das Gleichgewicht, hatte keine Chance mehr, die Hände aus der Tasche zu ziehen. Ich fiel zum erstenmal richtig auf die Schnauze. Mein Vater war natürlich sofort aus der Wohnung gestürzt und tröstete mich. Marga fing dafür später einen ein.

Obwohl mein Vater als Musiker viel unterwegs war, hatte ich zu ihm ein sehr inniges Verhältnis. Wenn er daheim war, stand ich im Mittelpunkt. Das ging soweit, daß er sich abends mit mir gemeinsam sehr früh ins Bett legte. Meine Mutter hatte uns sogar die gleichen gestreiften Schlafanzüge gekauft. Während er mir dann aus dem Buch »Vater und Sohn« vorlas und ich auf die Bilder schaute, drehte ich mit meinem Zeigefinger ganz verträumt in seinen langen schwarzen Haaren, die nach Pomade rochen. Einmal hatte sich mein Finger derart in seiner Haartracht verwickelt, daß dieser blau anlief. Meine Mutter und Schwestern mußten uns erst wieder trennen, während ich vor Schmerzen schrie. Meinem Vater hat das bestimmt auch nicht gutgetan. Er verhielt sich aber ruhig, weil er mir nicht weh tun wollte und vor allem Angst um seine Haare hatte. Als der Spuk endlich vorbei war, las er mir wieder aus »Vater und Sohn« vor, bis ich dann einschlief.

Musik wurde bei uns immer gemacht. Das lag nicht nur an meinem Vater, sondern auch an meinen vier Brüdern. Heiligabend standen Albert, Peter, August und Josef immer im Treppenhaus und sangen vierstimmig Weihnachtslieder. So schön, daß sich

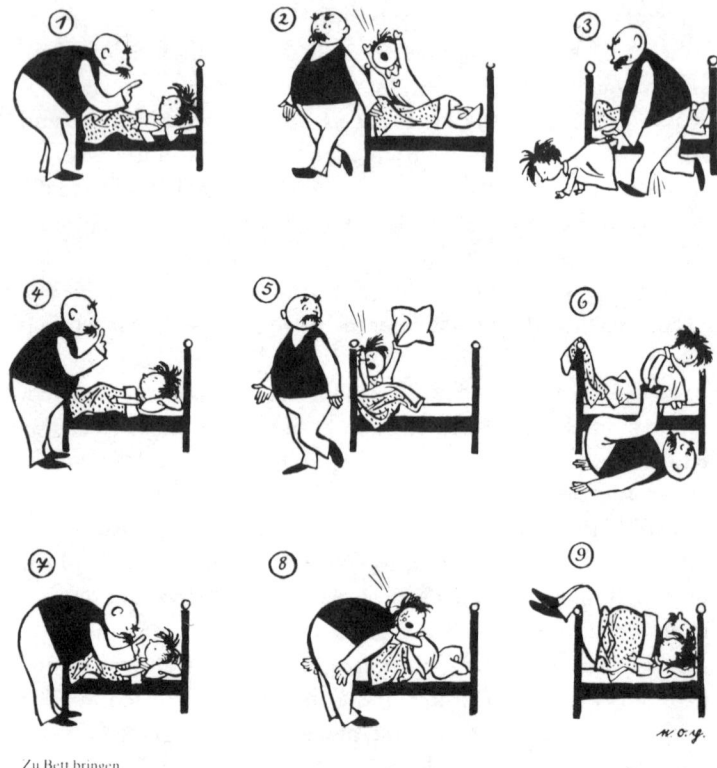

Zu Bett bringen

alle Bewohner Jahr für Jahr vor unserer Wohnungstür versammelten. Mit zweieinhalb Jahren hatte ich bereits ein Lieblingslied. Natürlich ein »Vier Botze«-Song: »Komm mal zum Papa aufs Schößchen, komm mal ein bißchen zu mir. Und wenn du brav und artig bist, dann bleib ich auch immer bei dir.« Die Platte legte ich sogar selbst in unserer Musiktruhe auf. Ich konnte zwar noch nicht lesen, aber die Scheibe erkannte ich am Etikett. Später erweiterte sich die Auswahl meiner Lieblingslieder. Besonders liebte ich den italienischen Titel »Marina«. Als wir dann unseren ersten Fernseher bekamen, war mit einem Schlag Catarina Va-

Die vier Botze Parodie- und Gesangs-Guitarristen
bekannt durch Funk - Bühne - Schallplatten

V. l. n. r.: Mein Vater Richard Engel, Phillip Herrig, Hans Süper sen., Jakob Ernst

lente angesagt. Ich glaube, ich habe keine »Bonjour, Catrin«-Show verpaßt, obwohl ich ihren Bruder Silvio Francesco eher als störend empfand – besonders seine »Lakritzstange«, die Klarinette. Und dann war da noch Peter Frankenfeld, der Super-Entertainer. Der war richtig komisch. Auch sein knalliges Outfit, seine wunderschön karierte Jacke kam gut.
Die »Vier Botze« probten dagegen meistens bei Phillip Herrig zu Hause. Onkel Phillip und Hans Süper senior waren die musikalischen Köpfe der Gruppe. Manchmal übten sie aber auch bei uns im Wohnzimmer. Dann durfte ich schon mal dabei sein. Einzige Bedingung: Ich mußte mich absolut ruhig verhalten, weil die Gruppe sehr konzentriert an neuen Liedern und Parodien arbeitete. Mit ein Grund, warum die »Botze« so gut und erfolgreich waren. Da wurden Gesangsätze einstudiert und bis ins Detail perfektioniert, eindeutig eine Parallele zu den Bläck Fööss. Als

Mein Bruder August in Aktion, links

ich etwas größer war, nahm mich mein Vater öfters zu Auftritten mit. Zum Beispiel zu einer Kaffeefahrt der »Kölnischen Rundschau« auf einem Rheindampfer. Da waren nicht nur die »Vier Botze« dabei, sondern auch August Batzem, Karl Schmitz-Grön und Karl Berbuer. Phillip Herrig hat mir vor Jahren mal einen 8-Millimeter-Film von dieser Tour gezeigt. Die »Botze« einheitlich im hellen Trenchcoat. Ich an der Hand meines Bruders August, der damals ein bekannter Amateurboxer war.

August war allein achtmal Mittelrheinmeister, 1960 Deutscher Meister im Fliegengewicht, boxte in der Nationalstaffel und war sogar für die Olympischen Spiele in Rom nominiert. In Köln kannte man August Engel. Er kam damals als einziger annähernd an die Popularität meines Vaters heran, zumindest in den Kreisen, die sich für den Boxsport interessierten. Das waren damals nicht wenige. Mit August hatte aber unser Vater auch seine Probleme. Im Schlafzimmer stand ein Schrank, in dem ausschließlich Vaters Bühnengarderobe untergebracht war. Der war immer verschlossen. Aus gutem Grund. Denn es kam schon mal vor, daß August den Schrank von der Wand abschob, die Rückwand abschraubte und sich passend zu seinem Anzug Krawatte und Schuhe auslieh. Was mein Vater normalerweise nicht mal bemerkt hätte, wenn nicht am gleichen Abend ein Auftritt der »Botze« auf dem Programm gestanden hätte. Stunden vorher rief wie immer Onkel Philipp rund und stimmte die Bühnenkleidung ab: »Brauner Anzug, braune Schuhe und braune Krawatte. Alles klar.« Als Vater dann frisch gebadet und rasiert wie besprochen seine Klamotten anziehen wollte, war nichts zu finden. Lauthals rief er nach meiner Mutter: »Trautche, Trautche, wo sin ming brung Schoh und ming Krawatt.« Meine Mutter ahnte schon was passiert war, tat aber auffällig überrascht: »Och, wat es dat dann?« August hatte mal wieder zugeschlagen.

Auf große Diskussionen ließ sich Vater dennoch nicht ein. Statt dessen griff er zum Telefon und gab seinen Kollegen zu verstehen: »Minge August wor widder am Kleiderschrank, heute schwarzer Anzug, silberne Krawatte und schwazze Schoh.«

Die größte Überraschung erlebte er aber mit meinem Bruder Josef. Zwar besaß mein Vater keinen Führerschein, was ihn aber nicht davon abhielt, ein Auto zu kaufen. Irgendwann stand morgens dann ein großer, schwarzer Wagen vor unserer Haustür. Ein »Adler«-Vorkriegsmodell mit geschwungenen Kotflügeln und riesigen Trittbrettern. Vaters jüngerer Bruder, unser Onkel Albert, war Lkw-Fahrer und mußte ab sofort meinen Vater chauffieren. Das dauerte aber nicht sehr lange. Eines Morgens war nämlich das schöne Auto verschwunden. Bruder Josef war mit seinem Freund Leo Eupen in Richtung Frankreich unterwegs. Irgendwann ging den beiden im teuren Süden das Geld aus. Sie hatten nicht mal Kohle für Benzin. Was war zu tun, fragten sich die beiden. Im Handumdrehen hatten sie den Wagen verkauft. Doch damit war auch ihr Urlaub beendet. Denn der »Adler« war nicht nur ihr fahrbarer Untersatz, sondern auch ihr Schlaf- und Wohnzimmer. Als Josef heimkam, war mein Vater zwar nicht erfreut, aber auch nicht böse. Denn der Autokauf war ohnehin nur eine seiner fixen Ideen gewesen. Die hatte er meist, wenn er mit Freunden an der Theke stand. Kehrte er nachts gut gelaunt heim, brachte er oft etwas für die Kinder mit. Nicht etwa Schokolade oder Bonbons. Nein, etwas Deftiges mußte es sein. Er hatte sich z. B. in der Kneipe mit gebratenen Koteletts eingedeckt, ging nun von Bett zu Bett und legte seinen Pänz jeweils ein paniertes Kotelett aufs Gesicht. Klar, daß alle wach wurden. Ein Picknick – mitten in der Nacht.

Über Spielplätze konnte ich mich nie beklagen. Für die hatte der Zweite Weltkrieg gesorgt. Genauer waren es drei Trümmergrundstücke. Jedes hatte seine eigene Bedeutung. In der Konradstraße fanden die Steinschlachten statt. Oswald Hamacher aus der Remigiusstraße war nicht nur der beste Werfer, er war auch zielsicher. Deshalb mußte er auch alleine gegen die restliche Clique antreten. Meist postierte er sich im zweiten Stock der Trümmer und hatte sich zuvor mit Steinen eingedeckt. Wir verschanzten uns mit Steinen im verwilderten Garten des Grundstücks. Im nachhinein ein Wahnsinn. Es wurde tatsächlich scharf geworfen. Mancher Stein traf auch. Das zweite Trümmergrundstück an der Arnulfstraße war unser Klettergerüst. Denn von dem Haus standen lediglich noch die Vorderfront, das freischwebende Treppenhaus und diverse Eisenträger, auf denen wir in schwindelnder Höhe balancierten. Das dritte Grundstück an der Lotharstraße war zwar das harmloseste, aber es blieb mir in böser Erinnerung. Dort stand nur noch ein Stück der Kellerdecke. Von der sprangen wir immer in den Keller, in dem wir zusammengetragene Matratzen ausgelegt hatten. Eines Mittags rief meine Mutter: »Thomas, essen kommen.« Einmal wollte ich aber noch springen. In der Hektik bin ich runtergesprungen, auf den Matratzen abgefedert und mit meinem Kinn aufs Knie geschlagen. Ein Zahn hatte sich durch meine Zunge gebohrt. An dem Tag habe ich nichts mehr gegessen.

Heute würde man es »Church-Climbing« nennen. Denn gegenüber unserer Wohnung war gerade das Jugendheim von St. Nikolaus gebaut worden. Uwe Dietz und ich hatten mit anderen Freunden gewettet, daß wir die Glocken von St. Nikolaus erklingen lassen würden, zumindest aber eine. Zunächst kletterten wir auf das Jugendheim-Dach, stiegen durch ein Fenster des Nebenturms und gelangten übers Seitenschiff irgendwie in den unteren Teil des Glockenturms. Zum Läuten kamen wir aber nicht mehr. Statt dessen erklang draußen ein Martinshorn. Vor St. Nikolaus hatte sich eine große Menschenmenge gebildet, der Pfarrer hatte sofort die Polizei gerufen, als er hörte, daß gerade zwei Kinder seine Kirche erstiegen hätten. Zum Glück ist die ganze Sache glimpflich verlaufen.

Ältere Jugendliche zeigten uns dagegen, wie »Kies« gespielt wird. Dazu brauchte man ein 40 Zentimeter langes Holzstück, besenstieldick, das als Schlagstock dient. Der sogenannte »Kies« war ein 15 Zentimeter langes Holzstück, ebenfalls besenstieldick, das sich aber nach beiden Enden hin verjüngte. Der »Kies« wurde auf einen Kanaldeckelrand gelegt, so daß ein Ende leicht überstand. Schlug man mit dem Schlagstock auf das Ende, wurde der »Kies« nach oben katapultiert und mußte in der Luft per Stockschlag weggedroschen werden. Vom Kanaldeckel bis zum Landeplatz wurde mit Schritten gemessen. Problematisch waren nur die beiden nächsten Schläge. Denn manchmal landete der »Kies« auch in einem Sandkasten oder in einem Gebüsch und mußte von dort aus wieder hochkatapultiert und möglichst weit weggeschlagen werden. Ein schönes Spiel, das leider heute nicht mehr gespielt werden kann. Aber damals hatten wir noch richtig Platz – auf der Lotharstraße standen höchstens zwei Autos.

Bruno Töller war ein Jahr jünger als ich. Seine Oma besaß auf der Berrenrather Straße ein altes Tabakwarengeschäft. Die Einrichtung war aus Holz, auf der Theke stand ein edler Zigarrenabschneider und -anzünder, und in den Regalen lagerten edelste handgedrehte Zigarren. Brunos Oma hatte auch Zigaretten in ihrem reichhaltigen Angebot. Unter anderem: »Wychester Filter« in einer gelb-schwarzen Packung. Die sprach uns an. Außerdem klang der Name toll. Bruno deckte sich immer damit ein. Es lief immer nach dem gleichen Muster ab: Wenn er die Ladentüre öffnete, dann bimmelte es. Das wußte er. Bruno rief nur: »Oma, ich ben et.« Dann kam seine Großmutter erst gar nicht nach vorne, sondern wartete im Hinterstübchen auf den Enkel. Blitzschnell schnappte er sich zwei Päckchen und ließ sie in der Jacke verschwinden. Dann ging er zur Oma nach hinten, begrüßte sie kurz, kassierte auch noch sein Taschengeld für die Woche und verabschiedete sich schleunigst. Ich wartete draußen. Wenn er rauskam, war klar: Wir haben wieder eine Woche zu rauchen. Die beiden Packungen ließ ich dann in einem Umhängetäschchen, eigentlich die ehemalige Patronentasche meiner Prinzengarde-Uniform, verschwinden.

Womit wir an einem »traurigen« Kapitel meiner Kindheit angelangt sind. Wenn meine Freunde in der Karnevalszeit als Cowboys und Indianer durch die Straßen und Trümmer-

grundstücke tobten, mußte ich als piekfeiner Gardist durch Sülz stolzieren. Das Schlimmste war der Messinghelm. Der war nicht nur schwer und drückte mir die Stirn in Falten. In den Helm war auch eine Mozartperücke eingenäht, die beide Ohren anpreßte und einem das taube Gefühl gab, als hätte man gerade vier Stunden telefoniert. Äußerst unangenehm waren auch die Haarklammern, die ständig piekten. Ein Kostüm, das auch heutzutage sicherlich nur von Eltern ausgesucht wird, um Kinder zu quälen.

Diese »herrliche« Uniform hatte mir kein Geringerer als Thomas Liessem eingebrockt. Ich war gerade acht Jahre alt, als mein Patenonkel meinem Vater erklärte: »Rickes, d'r Jung muß jetz bei mir op d'r Wage.« Es war schon eine »Ehre«, wenn man im Rosenmontagszug auf dem Wagen des Prinzengarde- und Festkomitee-Präsidenten mitfahren durfte. Ich glaube, ich habe mich aber nicht besonders darüber gefreut. Ich erinnere mich nur noch, daß ich mit diesem hohen Messinghelm kaum geradeaus laufen konnte. Ständig mußte man das Gewicht ausbalancieren. Und auf dem Wagen waren wir nicht mehr als das Ambiente für den Präsidenten. Die Kinder durften noch nicht mal Kamelle werfen. Wir standen oder saßen mehr oder weniger nur dem »Allmächtigen« zu Füßen. Liessem warf dagegen Strüßjer, Schokolade und Pralinen vom Wagen. Eine Packung Pralinen muß irgendwann wohl mal übriggeblieben sein. Die tauchte dann im Sommer auf.

Da hatte mich mein Vater zu Onkel Thomas geschickt, der mit Weinen und Spirituosen handelte. »Jangk do ruhich ens vorbei. Vielleich jit et jet Sonndachsjeld«, empfahl mir mein Vater. Ich ging also vorbei. Die Wände des Büros waren holzgetäfelt. Auf einem Sideboard stand ein altes Segelschiff. In der Ecke standen wuchtige Ledersessel. Und vor dem Fenster stand ein riesiger Eichenschreibtisch, hinter dem dichter Rauch aufstieg. Dort thronte Thomas Liessem, der eigentlich immer Zigarren qualmte. Nachdem er eine weitere Rauchwolke ausgestoßen hatte, begrüßte er mich freundlich: »Ach, Thömmes, Jung. Dat es ävver schön, dat do mich ens besöke küss.« Dann fragte er noch, wie es der Mutter, dem Vater und den Geschwistern ginge, holte sein

Portemonnaie hervor, zückte einen 10-Mark-Schein und meinte »He häste 10 Mark, jangk d'r jet Schönes kaufe.« Noch tiefer griff er zu meiner Kommunion in die Tasche. Da schenkte er mir ein Sparbuch mit 111,11 DM. Das war wahrscheinlich als Grundstock für meine spätere Ausbildung gedacht. Das Geld versickerte aber in den Kanälen unserer großen Familie. Bevor ich mich aber wieder von meinem Patenonkel verabschiedete, holte Thomas Liessem aus irgendeiner unteren Schublade seines Schreibtisches eine riesige Schachtel Pralinen hervor. »Die es för ding Mamm«, gab er mir zu verstehen, nahm mich freundlich bei der Hand, zog zweimal an seiner Zigarre und machte mir unmiß-verständlich klar, daß er sich nun wieder seinen Geschäften wid-men müßte. Meine Mutter hat sich sehr über die Pralinen ge-freut. Die Begeisterung verflog schlagartig, als meine Mutter die Packung öffnete: Die Pralinen waren restlos verschimmelt.

Die Schulferien verbrachte ich sehr oft bei meiner ältesten Schwester Hanny in Belgien, in Dolhain bei Eupen. Sie hatte selbst fünf Kinder, und ihre Tochter Ursula hatte eine Freundin – Danny. Meine erste Liebe. Danny war einen halben Kopf grö-ßer als ich. Wenn wir uns küßten, mußte ich mich strecken. Sie kam mir auf halbem Weg entgegen. Auf die Sommerferien in den Ardennen habe ich mich immer gefreut, nicht nur wegen Danny. Wohin das Auge reichte blühende Felder, saftig grüne Wiesen und jede Menge Kühe. Außerdem war ich bei meiner Schwester Hanny wieder in einer großen Familie. Denn daheim in Sülz war ich inzwischen ein Einzelkind. Meine anderen Geschwister wa-ren längst aus dem Haus.

Zum Frühstück gab's Milchkaffee, große Weißbrotschnitten und Streichschokolade. Wunderbar. Danach trafen wir uns auf dem Marktplatz mit den anderen Dorfkindern, spielten Fußball, machten Weit- und Hochsprung, kletterten auf Bäume und Ga-ragendächer oder streiften durch die Wälder und Felder. Manch-mal wanderten wir auch den Berg nach Limburg hoch. Ein wun-derschönes Dorf, wo die Zeit stehengeblieben ist. Eine Kulisse, geschaffen für einen mittelalterlichen Film. In Verviers, einer belgischen Kleinstadt, die acht Kilometer von Dolhain entfernt ist, bin ich mit elf Jahren auf dem Bahnhof von der Polizei festgenommen worden. Die belgischen Kinder ließen die Beamten laufen. Dabei hatten wir nur auf dem Bahnsteig gespielt. Erst wollten sie uns nur verjagen, als sie aber erfuhren, daß ich Deutscher bin, mußte ich mit zur Wache. Warum wußte ich zunächst nicht, erst später erklärte mir meine Schwester Hanny, daß die Einwohner von Verviers sehr deutschfeindlich sind. Denn im Zweiten Weltkrieg war Verviers eine der wenigen Städte, die nicht freiwillig vor den Deutschen kapitulieren wollten. Als die Soldaten dann Verviers eingenommen hatten, wurden der Bürgermeister und mehrere Zivilisten auf einem Platz vor dem Bahnhof hingerichtet. Trotz der Erklärung verstand ich damals nicht, warum die Polizisten mich so behandelten. Als später mein Schwager Jean auf der Wache erschien, wurde es sehr laut. Der hat die Beamten regelrecht zusammengestaucht. Dann konnte ich gehen. Zum erstenmal hatte ich erfahren, was Deutschfeindlichkeit ist und woher sie rührte.

Blot es decker wie Wasser

Vater, Mutter, Brüder und Schwestern

Die Wurzeln meiner Familie liegen in Judenbach in Thüringen. Schon das Wappen meiner Familie mit den beiden Scheren zeigte, was die Väter über Generationen hinweg ihren Söhnen weitervererbten – das Schneiderhandwerk. Auch Großvater August war Schneidermeister und vor dem Krieg bei der Kölner Firma »Erb & Co« am Neumarkt beschäftigt. Mittags mußten meine Geschwister zu Fuß von der elterlichen Wohnung an der Straße »Alte Mauer am Bach« zum Trutzenberg am Rothgerberbach gehen, wo meine Großeltern lebten. Die Oma drückte den

Pänz einen Henkelmann und einen Groschen in die Hand, damit der Opa pünktlich sein Mittagessen bekam. Damals kosteten sogenannte Essensfahrten mit der Elektrischen nur 10 Pfennig. Hanny, meine älteste Schwester, übernahm meist freiwillig den Essensgang. Nicht etwa weil Großvater August besonders spendabel war, sondern weil sie danach noch in der darunter liegenden Tanzschule vorbeischauen konnte. Manchmal sah sie sogar stundenlang verträumt den Ballett-Tänzerinnen beim Unterricht zu. Sie träumte selbst immer von einer Karriere als Tänzerin, was aber daran scheiterte, daß sie viel zu klein war.

Auch mein Vater erlernte zunächst das Schneiderhandwerk, brach aber seine Lehre ab und verdiente später den Lebensunterhalt für unsere Familie als Landschaftspfleger im Volksgarten, verkaufte selbstentworfene Postkarten oder bemalte zu Karneval Kneipenfenster mit Karrikaturen Kölscher Originale. Meine Mutter Gertrud, geborene Stöcker, die in Ehrenfeld zur Welt kam, lernte meinen Vater kennen, als sie gerade 16 war. Zwei Jahre später gaben sie sich das Ja-Wort, obwohl mein Großvater sie immer gewarnt hatte: »Heirate den Rickes nicht, das ist ein Schlawiner, den hast du nie für dich allein.« Womit er nicht mal unrecht hatte. Zumindest war mein Vater ein ruheloser Mensch, der immer in Aktion sein mußte. Meine Mutter war dagegen eine häusliche Frau, sehr genügsam und nicht anspruchsvoll. Hauptsache der Familie ging es gut. Und dafür haben meine Eltern immer gesorgt. Selbst in schlechtesten Kriegstagen hatte meine Familie, wie meine Schwester Hanny heute noch erzählt, immer genug zu essen und mußte nie Hunger leiden. Und das lag auch an meinem Vater, der ein ausgesprochenes Organisationstalent hatte.

Wie alle Kinder freuten sich meine Geschwister natürlich auf das Weihnachtsfest. Denn dann konnten sie immer eine riesige Kiste auspacken, die randvoll mit Holzspielzeug gefüllt war. Der Grund dafür war nicht, daß wir im Wohlstand lebten. Das Spielzeug schickte jedes Jahr Opas Bruder, der in Thüringen eine kleine Spielzeug-Manufaktur besaß.

1933, als in Köln große Arbeitslosigkeit herrschte, taten sich vier

junge Männer zusammen, »öm sich nevvenbei e paar Jröschel-
cher zosammezosinge.« Es waren Ferdi Vossenberg, Phillip
Herrig, Hans Süper sen. und Gerhard Böckem, der den Spitznamen »de Botz« hatte. Süper griff den Spitznamen auf und schlug
vor: »Dann nennen wir uns einfach die Vier Botze.« Schon bald
schied der Original-Botz Böckem aus. Ein neuer Mann wurde
ins Quartett aufgenommen – Richard Engel.

Die »Botze« waren exzellente Musiker, aber ihnen fehlte ein
Mann, der auf der Bühne Sänger, Komiker und Entertainer in
einer Person war. Die Wahl fiel auf meinen Vater. Er besaß Witz,
war sehr humorvoll und hatte die Gabe, Lieder und Parodien des
Quartetts dem Publikum auf seine eigenwillige Art zu präsentie-
ren. Nach außen hin war Vater immer gut gelaunt, lediglich morgens war er schon mal motzig. Manchmal stellte er aber schon in
aller Frühe meine Schwester Henny auf seine Schuhspitzen und
tanzte mit ihr durch die Küche, in der sich schon damals alles
abspielte.

Mit dem Einstieg bei den »Botze« wurde bei meinem Vater das
Schneidern endgültig abgehakt. Zwar zum Leidwesen meines
Großvaters, was ihn aber nicht davon abhielt, die ersten Bühnen-
anzüge mit überweiten Hosen für die »Vier Botze« zu schneidern, die das Markenzeichen des Quartetts wurden. Es folgte
noch eine weitere Umbesetzung. Denn für Ferdi Vossenberg
stieg Jakob Ernst, genannt die »Ähz«, in die Gruppe ein. Die
Idealbesetzung war gefunden.

Zunächst zog das Quartett über Land, sang in Gasthäusern und
Weinlokalen, was sich früher »ständeln« nannte. Alles was die
Gruppe brauchte, Instrumente, Zelt, Kochgeschirr, zog man auf
einem Leiterwagen hinter sich her. Die Zieherei ging reihum.
Natürlich ging der Kelch auch an meinem Vater nicht vorüber.
Im Sommer ein schwerer Job wegen der Hitze, aus dem mein
Vater aber zur Belustigung seiner Kollegen eine richtige Perfor-
mance machte. Mitten auf der Landstraße knöpfte er seine Le-
der-Latzhose auf und stand im Freien. Hans Süper sen. traute
seinen Augen nicht: »Rickes, wat mäst du dann do. Häste se

noch all?« Vater ließ sich nicht aus der Ruhe bringen und konterte: »Wenn ich schon arbeide muß wie e Päd, dann kann ich och ussinn wie e Päd.«

Manchmal waren die »Vier Botze« auch wochenlang unterwegs. Um Geld zu sparen, suchte sich die Gruppe meist einen Lagerplatz und übernachtete in einem Zelt. Eines Tages kamen die vier erst mitten in der Nacht in einem Dorf an der Ahr an, wo sie am nächsten Tag durch die Weinlokale ziehen wollten. Straßenlaternen waren natürlich noch Mangelware. Also wurde mit der Hand vorsichtig getastet, und als sie schließlich einen weichen Rasen gefunden hatten, wurde beschlossen: »He es et schön weich, he es Jras, he künne mer schlofe.« Gesagt, getan. Das Zelt wurde ausgepackt, die Heringe in die Erde geschlagen, und dann wurde geschlafen. Am nächsten Morgen wurden sie in aller Frühe geweckt. »Hallo, aufstehen. Sofort rauskommen.« Phillip Herrig schaute noch etwas verschlafen aus dem Zelt, wurde aber dann sofort hellwach. Da stand doch tatsächlich der Dorf-Sheriff vor ihrer Unterkunft. »Sind Sie wahnsinnig, was haben Sie sich denn dabei gedacht, das ist doch eine Unverschämtheit«, meinte der Ordnungshüter. Was war passiert. Die »Vier Botze« hatten in der Nacht ihr Zelt in einer kleinen Grünanlage unmittelbar vor dem Rathaus aufgeschlagen.

In dieser Zeit ging es bei den »Vier Botze« noch gemütlich zu. Wenn sie über Land zogen, wurde reichlich Rast eingelegt. Kam man an einem See oder Fluß vorbei, wurde ein erfrischendes Bad genommen. Auch wenn nicht geständelt wurde, traf man sich zu einem Ausflug an die Sieg oder an die Agger. Auch Freunde waren schon mal dabei. Einen nannten sie nur »dä Lang«. An einem heißen Sommertag stand der am Ufer der Agger und fragte eine korpulente Frau, die bis zur Schulter im Wasser stand: »Stoht ihr do?« Die Frau antwortete: »Ja.« Der Lange fragte zur Sicherheit ein zweitesmal nach: »Stoht ihr do wirklich?« Als die Dame erneut bejahte, nahm er einen weiten Anlauf und sprang mit einem Kopfsprung ins Wasser. Mit einem lauten Brüll schnellte er hoch, hielt sich vor Schmerzen seinen Kopf und torkelte ans

Ufer. Die Frau stand immer noch im Wasser. Erneut fragte er: »Hürt ens, stoht ihr da wirklich, dann kutt ens eruss.« Die Dame kam der Aufforderung sofort nach. Sie hatte nicht einmal gelogen. Sie war gerade mal 1,30 groß, hatte Beinchen wie ein Zwerg. Von nun an kontrollierte »dä Lang« vor jedem Kopfsprung erst persönlich die Wassertiefe. Er verließ sich nicht mehr auf Fremde, vor allem nicht auf Sitzriesen.

Schon mit dem ersten Auftritt im Karneval begann für die »Vier Botze« eine steile Karriere. Neben Eigenkompositionen, die von Hans Süper sen. (Musik) und Phillip Herrig (Text) stammten, parodierte das Quartett auch gerne bekannte Melodien und Evergreens. Und da sie neben kölsch auch hochdeutsch sangen, wurden sie schnell in Varietés und Kabaretts außerhalb Kölns bekannt. Selbst der Rundfunk, der damalige Reichssender Köln, war begeistert, holte sie ständig in ihre Sendungen. Die bekannteste war wohl »Der frohe Samstagnachmittag«, für die sie auch die Erkennungsmelodie gesungen haben. Zudem produzierte u. a. die damalige Carl-Lindström-GmbH am Maarweg, die heutige Electrola, Schallplatten mit den »Botze«. Dann brach der Krieg aus. Die »Botze« wurden eingezogen. Mein Vater wurde in Paris und später in Norwegen stationiert.

Meine Mutter lebte weiter in unserer Wohnung an der »Alten Mauer am Bach« am Wasserturm. Als meine Brüder August, Albert, Peter und Josef und meine Schwestern Henny und Mia gerade in Grünberg an der Oder in »Kinderland-Verschickung« waren, fand der große Bombenangriff auf Köln statt. Zum Glück hatte mein Vater gerade Fronturlaub. Denn in einer Nacht mußten sich meine Eltern, meine Schwestern Hanny, Ulli und Marga, nur mit Nachthemd und Mantel bekleidet, Hals über Kopf im Luftschutzkeller der evangelischen Schule am Griechenmarkt in Sicherheit bringen. Als Entwarnung gegeben wurde, stand die Familie auf der Straße, das Wohnhaus war zerstört. Die gesamte Straße brannte lichterloh. Um die Kinder vor der Hitze und dem Rauch zu schützen, hüllte mein Vater sie sofort in nasse Tücher, die er in alten Fischtonnen getränkt hatte.

Die hatte der Zivilschutz aufgestellt und mit Wasser gefüllt. Noch in der gleichen Nacht rannten alle zum Volksgarten. Mein Vater wollte wissen, ob die Großeltern noch lebten. Sie hatten den Angriff überlebt, auch ihre Wohnung war von den Bomben verschont geblieben. Vater konnte den Urlaub verlängern, fuhr mit meiner Mutter und meinen drei Schwestern zwei Tage später mit dem Zug nach Grünberg, um die Familie wieder zusammenzuholen. Henny und Mia fanden sie sofort.

Schwieriger war die Suche nach den Jungs. Von denen hatten sie nur gehört, daß sie einige Kilometer entfernt auf einem Bauernhof untergebracht sein sollten. Nach einem langen Fußmarsch sah meine Mutter auf einer Wiese zwei Kuh-Hirten, die Riesenhüte trugen und auf Hirtenstäbe gestützt die Herde hüteten. »Loß mer ens hingen die Männer frore, wo he dä Buurehoff es«, meinte meine Mutter. Als sie näher kamen, wurden die Hirten immer kleiner. Es waren meine Brüder Josef und Albert – Blot es decker wie Wasser.

Auf dem Bauernhof fand die Familie Unterkunft. Ein Zimmer. Die erste Nacht mußten die meisten auf der Erde schlafen. Am nächsten Tag räumte die Bäuerin ein zweites Zimmer leer und stellte Etagenbetten auf. Mein Vater mußte zurück zu seiner Einheit nach Norwegen. Wochen später konnte er die gesamte Familie nach Köln zurückholen. Mein Vater hatte es nicht nur geschafft, für seine Familie eine geräumige Baracke an der Boltensternstraße zu finden, er brachte auch die Familien der übrigen »Botze« in den Nachbarbaracken unter. Lange hatten meine Eltern nicht Freude an der Unterkunft. Schon einige Monate später fielen die Baracken einem erneuten Fliegerangriff zum Opfer. Die Familie wurde in den Westerwald evakuiert, wo sie zunächst in einem kleinen Blockhaus unterkam. Später wurde auf einem angrenzenden Grundstück ein größeres Steinhaus mit Flachdach gebaut. Um sich vor den ständigen Tiefflieger-Angriffen der Engländer zu schützen, kam meine Mutter auf die Idee, auf das Dach ein großes rotes Kreuz zu malen, um den Anschein zu erwecken, daß es sich bei unserem Haus um ein

34

Lazarett handelt. Das Haus steht heute noch. Zur Sicherheit hatten meine Brüder aber in einem Waldstück einen Stollen gegraben, um sich vor massiven Angriffen zu schützen. Manchmal mußten meine Mutter und meine Geschwister einen ganzen Tag in dem engen Stollen ausharren.

In den letzten Kriegstagen sollte mein Bruder Albert, der gerade 16 Jahre alt war, noch eingezogen werden und sich in einem Nachbarort in der Schule melden. Meine Mutter war natürlich dagegen: »Dat Jewehr es ja jrößer als dä Jung.« Umgehend schnürte sie meinem Bruder Albert einen Rucksack und schickte ihn zu ihrer Kusine, die elf Kilometer entfernt in Leuscheid evakuiert war. Am nächsten Tag rückten die Feldjäger mit dem Bürgermeister an und wollten Albert abholen. Als meine Mutter beteuerte, sie wisse nicht, wo der Junge wäre, drohte der Bürgermeister: »Dann bringe ich Sie vors Kriegsgericht.« Mutter ließ sich nicht beeindrucken: »Was wollen Sie denn, die Amerikaner sind doch schon da. Man hört sie doch schon schießen.« Davon wollte der Bürgermeister nichts wissen: »Das sind nicht die Amerikaner, das sind unsere.« Es waren die Amerikaner. Drei Tage lang hingen meine Mutter und meine Geschwister im Stollen fest. Tag und Nacht bebte die Erde, weil ein Kilometer entfernt ein Riesengeschütz der Deutschen stationiert war, das pausenlos schoß, um die Amerikaner aufzuhalten. Dann wurde es endlich still. Am nächsten Morgen standen die US-Soldaten vor dem Stollen. Mutter hatte zur Vorsicht schon ein Stück weißes Bettlaken an einem Stock befestigt, um zu zeigen, daß kein Widerstand geleistet würde. Als die Amerikaner die Kinder, Frauen und alten Menschen aus dem Stollen klettern sahen, legte sich die Nervosität der Soldaten. Ein Farbiger zählte sogar meine Geschwister durch, die aus Angst alle am Rocksaum meiner Mutter hingen und fragte: »All your children?« Als sie bejahte, lächelte er, schlug sich auf seinen Helm und rief: »Oh, Jesus Christ.« Sein stechender Blick wurde warmherzig. Im Nu entspannte sich die Situation. Eine Stunde später saßen meine Brüder schon auf den Panzern der Amerikaner und trugen ihre Mützen.

Danach mußte meine Mutter die Soldaten zu ihrem Haus führen. Sie hatten den Befehl, alle Häuser nach Waffen und Radios zu durchsuchen. Hinter der Eingangstür stand unser Volksempfänger, der beim Öffnen von der Tür verdeckt wurde. Die Amis schauten einmal rund, entdeckten nichts und rückten wieder ab. Die Büchsen mit Schweinefleisch und Komißbrot, die die deutschen Soldaten vom Geschütz vor ihrer Flucht in unserem Haus auf den Tisch gestellt hatten, interessierten die Amis überhaupt nicht. Auch nicht der Zettel, der daneben lag: »Ein letzter Gruß an unseren kleinen Josef. Eure Freunde, die Flak-Soldaten.« Denn für die war mein Bruder Josef immer das Maskottchen gewesen.

Auch der Bürgermeister tauchte wieder auf. Der versuchte meine Familie vor den Amis direkt als Spitzbuben zu denunzieren. Nur weil meine Brüder im Krieg mal auf Bauernhöfen Kartoffeln oder Eier gestohlen hatten. Als meine Mutter den US-Soldaten schilderte, wie der Bürgermeister früher polnische Fremdarbeiter wie Vieh vor seinem Auto hergetrieben hätte, wurde er festgenommen. Danach konnte auch Bruder Albert zurückkommen. Den hatte meine Mutter durch ihr couragiertes Handeln mit Sicherheit vor dem Tod gerettet.

Unsere Familie kam mit den Amerikanern gut zurecht. Mein Vater wurde von den Amis nach seiner Heimkehr sogar in Ruppichteroth als Koch engagiert. Von da an hatte die Familie alles. Im Vergleich zu vorher brach regelrecht der »Wohlstand« aus. Mein Vater besorgte den Amerikanern selbstgebrannten Knollenschnaps. Dafür gab's im Tausch Schinken. Das ging soweit, daß meinen Geschwistern der Schinken schon aus den Ohren herauskam. Sie hatten eine regelrechte Schinken-Allergie. Um die Speisekarte zu erweitern, besorgte mein Vater bei einem Bauern weiße Bohnen und Speck für eine Bohnensuppe, die er auch selbst zubereitete. Alle saßen am Tisch und freuten sich auf die Suppe. Vater stellte den Topf in die Mitte und füllte die Teller mit einer großen Kelle. Sie roch nicht schlecht, zumal Vater neben allen verfügbaren Gewürzen auch Pfefferminztee hineingegeben hatte. Dann kam die böse Überraschung. Der Bauer hatte Vater alte Bohnen angedreht. Denn langsam stiegen aus der Suppe kleine rosa Tierchen an die Oberfläche – Maden. »Iih, dat möjen mer ävver nitt«, protestierten alle. »Dat weed jejesse, dat es Fleisch«, bestimmte mein Vater. Als meine Mutter aber schließlich meinte: »Dat bruchen die Kinder nit ze esse«, schnappte sich mein Vater den Kochtopf, schmiß ihn durchs geöffnete Fenster und kündigte an: »Für üch koch ich nie mih.« Dieses Versprechen hat er nie gehalten.

1946 gingen meine Eltern nach Köln zurück und halfen beim Aufbau des Wohnhauses an der Lotharstraße 30, in dem die Familie eine Wohnung bekommen sollte. Hanny blieb mit den Kindern im Westerwald zurück, bis das Haus einigermaßen bewohnbar war. Zu Fuß kehrten meine Geschwister vom Westerwald heim. Alle mußten, wie es damals üblich war, zunächst in die Entlausungsanstalt. Anfangs wurde mehr oder weniger improvisiert. Dank Vaters Organisationstalent wurde es an der Lotharstraße schnell wohnlich. Auch das Leben normalisierte sich, und durch den gemeinsamen Aufbau traten die Erinnerungen an den Krieg allmählich in den Hintergrund.

Auch für die »Vier Botze« ging es weiter. Alle waren mit dem Leben davongekommen. Man traf sich zu ersten Proben, auch die ersten Auftritte fanden wieder statt, u. a. im Williams-Bau an der Aachener Straße. Die »Vier Botze« konnten nahtlos an die Vorkriegserfolge anknüpfen. Otto Hofner, Erfinder der »Lachenden Sporthalle« und heutiger Betreiber des Millowitsch-Theaters, machte mit den »Botze« auch gleich richtige Tourneen, die durch Varietés und Kleinkunst-Theater vom Norden bis zum Süden Deutschlands führten. Oft standen sie mit Zarah Leander, Lale Andersen und Marika Röck auf der Bühne.

Es war wie vor dem Krieg. Vater war unterwegs, und Mutter kümmerte sich wieder um die Kinder. Bis auf Hanny, die 1948 nach Frankreich ausgewandert war und in Bordeaux heiratete. Die Jungs sollten natürlich alle einen vernünftigen Beruf erlernen. Vater steckte alle bei VW Fleischhauer in die Lehre. Mit

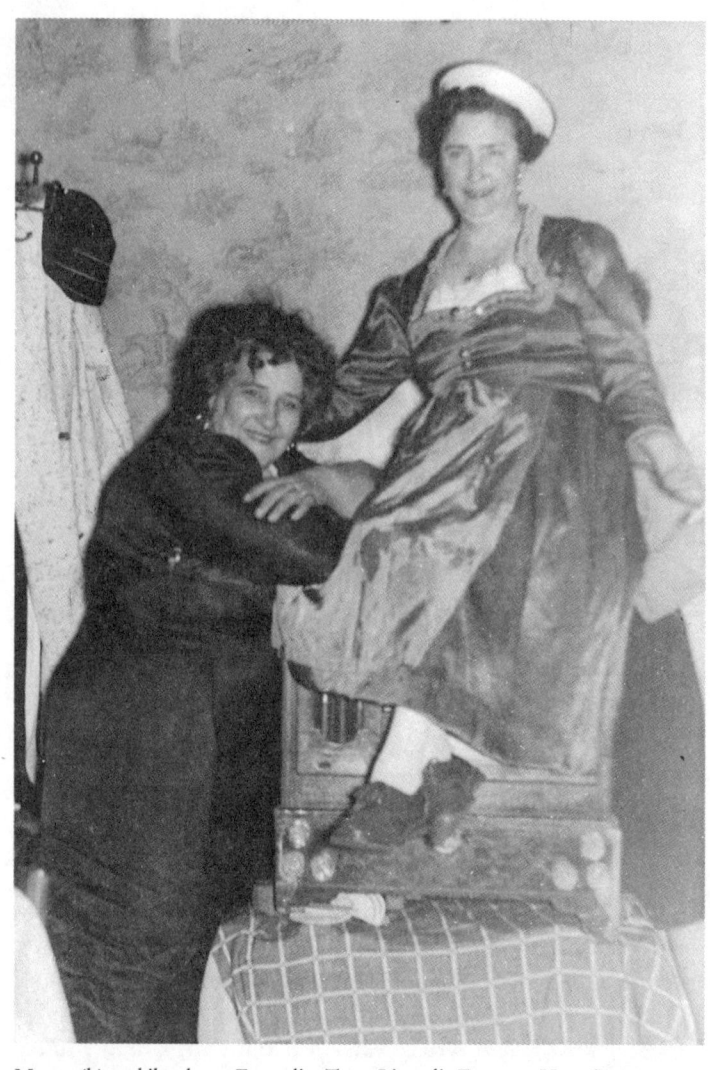

Mutter (l.) und ihre beste Freundin, Tante Lina, die Frau von Hans Süper sen.

wechselndem Erfolg. Josef wurde Pflasterer, August träumte damals schon von seiner Boxer-Karriere und kellnerte nebenher, und Albert jobbte lieber in verschiedenen Berufen. Als einziger hielt Peter durch. Er wurde Autoelektriker und blieb in der Firma bis zu seiner Pensionierung.

Vielleicht war der Krieg schuld, vielleicht lag es auch an dem Vagabunden-Leben meines Vaters, daß sich die Eltern 1963 trennten. Vater trat weiter mit den »Botze« auf und übernahm darüber hinaus noch die »Sportflieger-Klause« am Flugplatz Butzweilerhof. Sein Motto: »Wer bei mir verkehrt, dä flüch.« In den Sommerferien war ich manchmal wochenlang dort und habe dafür gesorgt, daß die neuesten Beatles-Scheiben in die Musikbox kamen. Manchmal habe ich auch hinter der Theke Gläser gespült, Kölsch gezapft oder draußen an einem Stand Coca-Cola aus der Kühlbox verkauft. Denn Vater stand gerne in der Küche und kochte seine begehrte Bohnensuppe. Diesmal ohne Fleischeinlage. Auch Bruder August wurde als Kellner eingespannt. Im Sommer war am Butzweilerhof immer die Hölle los. Besonders zu den Internationalen Segelflugwochen. Und da die Flieger alle in Vaters Kneipe verkehrten, durfte ich auch ab und zu mitfliegen. Das war später schon eine richtige Sucht. Wenn sich die Gelegenheit bot, saß ich vorne in einem zweisitzigen Segelflugzeug, das entweder von einem alten »Tigermoth«-Doppeldecker geschleppt oder mit einer Seilwinde nach oben gezogen wurde. Ende 1965 hat Vater die »Sportflieger-Klause« aufgegeben. Im Sommer waren die Umsätze gut, im Winter kam er damit so gerade über die Runden. 1968 bahnte sich dann auch die Auflösung der »Vier Botze« an. Hier und da wurden noch Auftritte gemeinsam bestritten. 1970 starb dann Mutters beste Freundin, Tante Lina, wie ich sie immer nannte, die Frau von Hans Süper sen. Monate später, im Mai 1971, starb auch ihr Mann. Damit ging auch die Geschichte der »Botze« zu Ende, denn Hans Süper sen. war für die Gruppe unersetzbar. Drei Jahre später, am 27. März 1974, starb meine Mutter. Mein Vater folgte ihr vier Monate später am 25. Juli 1974.

Indianer kriesche nit

Schulzeit

Der 14. April 1956 war ein sonniger, aber kühler Tag. Kein normaler Tag, wie bereits der Blick zur Garderobe verriet, an der mein neuer grauer Trenchcoat und eine gleichfarbige Schirmmütze hing. Kurz nach 9 Uhr stolzierte ich dann mit meinen Eltern zur katholischen Volksschule an der Berrenrather Straße, hielt krampfhaft meine Schultüte fest, die fast größer war als ich selbst. Der erste Tag verlief ausgesprochen angenehm. Einige Begrüßungsworte, das obligatorische Foto vom 1. Schultag mit Tüte. Außerdem kannte ich ja einige Mitschüler vom Nikolausplätzchen. Und das »Frolein«, so wurden damals wohl alle netten Lehrerinnen von den Pänz gerufen, gefiel mir auch sehr gut. »Frolein« Reinbold war die klassische Lehrerin. 60 Jahre alt und Dutt-Frisur. Eigentlich war sie schon pensioniert, aber wegen des Lehrermangels wurde sie kurzfristig wieder eingestellt. Bei der Versetzung ins 2. Schuljahr schenkte sie mir einen übergroßen Hasen aus Pappe.

Das 2. Schuljahr wurde überschattet durch den Tod eines Mitschülers: Klaus Menkow. Eines Morgens blieb sein Platz leer. Als uns Lehrer Klösges dann erklärte »Klaus kommt nicht mehr. Klaus ist gestorben«, konnten wir zunächst gar nicht begreifen, was passiert war. Klaus sah zwar sehr zerbrechlich und kränklich aus, war immer sehr still, aber daß er so krank war, wußte niemand von uns. Vielleicht hätten wir es auch überhaupt nicht kapiert. Erst Tage später, als die gesamte Klasse an seinem Grab stand, verstanden wir das Unbegreifliche. Klaus Menkow war an einem Gehirntumor gestorben.

Im 3. Schuljahr tauchte dann Lehrer Henn auf, ein bulliger Typ mit dünnen Haaren, dessen rote Gesichtsfarbe seinen Bluthochdruck verriet. Henn war schnell auf 100, schlug grundlos Schülern ins Gesicht. Ich machte auch einmal Bekanntschaft mit seiner Schlagkraft. Seine Spezialität war, links anzutäuschen und rechts zu schlagen. Sein Busenfreund war Pastor Schäfer von St. Nikolaus, der an der Schule Katechismus lehrte. Der schlug zwar nicht mit seinen eigenen »geweihten Händen«, dafür schickte er aber Schüler, die irgendwas ausgefressen hatten, zu seinem »Schergen« Henn, der die Bestrafung dann mit größter Freude vornahm.

Wechselten in den ersten drei Jahren ständig die Lehrer, bekamen wir mit Beginn des 4. Schuljahres einen festen Klassenlehrer, der uns die nächsten drei Jahre »betreuen« sollte. Günther Neuhardt – 1,58 Meter groß, Halbglatze, kurze Beine, stechender Blick, dem nichts entging. Auffallend auch sein widerlich goldener Siegelring am rechten Ringfinger. Wenn er morgens die Klasse betrat und uns mit den Worten »Morgen Kinder« begrüßte, mußten wir wie auf dem Kasernenhof strammstehen und seinen Gruß mit »Guten Morgen, Herr Neuhardt« zackig erwidern. Danach ein Gebet. Ob alle ihr Vaterunser gebetet haben, wage ich zu bezweifeln. Klaus Bendermacher in der letzten Reihe, der nur selten die Hausaufgaben machte, schloß in sein »Gebet« jedenfalls den Wunsch ein, daß Neuhardt an seiner Bank vorübergehen möge. Das klappte eigentlich nie. Denn Lehrer Neuhardt kannte seine Pappenheimer. Dazu zählte auch Schüler Diwinsky, der neben Bendermacher saß. Einmal sollten wir eine Karte von Luxemburg zeichnen. Diwinsky hatte einen glänzenden Einfall. Warum zeichnen, wenn es einfacher geht. Er schnitt einfach Luxemburg aus dem Weltatlas raus und klebte die Karte ins Schulheft. Maßstab 1 : 500 000, so groß wie ein Marzipan-Kartöffelchen. Neuhardt konnte darüber überhaupt nicht lachen. Und als dann noch Bendermacher ganz hektisch in seiner Schulmappe wühlte und schließlich verstohlen zugab: »Herr Neuhardt, ich glaub', ich hab' mein Erdkundeheft zu Hause liegenlassen«, war der Ofen aus. Dann wiederholte sich die allmorgendliche Prozedur. Neuhardt schaute beide an, warf einen Blick zur Tür und nickte. Bendermacher und Diwinsky standen gleichzeitig auf, gingen auf den Flur, und als die Türe leise ins Schloß fiel, waren nur noch dumpfe, grunzende Geräusche zu hören, die auf Magentreffer und Nierenschläge deuteten. Kurz darauf kamen die beiden mit hochroten Köpfen, aber einem leichten Grinsen in die Klasse zurück und nahmen wieder Platz. Auch Neuhardt machte einen äußerst erleichterten, zufriedenen Eindruck. Ansonsten lief alles relativ »normal« ab. Die Kleinen saßen vorne, die Großen hinten. Mit anderen Worten: Ich mußte in der ersten Reihe, unmittelbar vor dem Lehrerpult am Fenster, sitzen. Gleichzeitig war dieser Platz mit einer unangenehmen Aufgabe verbunden. Hatte ein Schüler mal Mist gebaut, wurde er nach vorne gerufen und mußte sich übers Lehrerpult legen. Meinem Tischnachbar und mir wurde dann die Aufgabe zuteil, die Lederhose des Mitschülers strammzuziehen, damit Neuhardt mit seinem dicken Holzlineal auch richtig zuschlagen konnte. Manchmal ist dabei auch das Lineal zerbrochen. Noch schmerzhafter wurde es, wenn sich ein Schüler aus Angst frühzeitig bewegte. Dann traf Neuhardt statt des Hintern die nackten Oberschenkel.

Ich bin sicher, daß Rektor Hans Winkel von diesen Sachen wußte, aber er unternahm nichts. Niemand störte sich daran. Außerdem interessierte sich Rektor Winkel auch mehr für den Sülzer Kinderchor, den er jahrelang leitete.

Wenn ich heute zurückdenke, bin ich sicher, daß Lehrer Neuhardt das Schlagen regelrecht Freude bereitete. Manchmal ging er sogar mit dem Lineal durch die Klasse, stimmte das Lied »Sing, sing was geschah, auf einmal war das Süßholz da« an und schlug zu. Meist traf er dabei den Rücken oder die Oberarme seiner Schüler, denen vor Schmerz die Tränen in die Augen schossen. Richtig geheult hat eigentlich niemand. Die meisten bissen auf die Zähne, unterdrückten ihr Heulen, damit Neuhardt nicht noch mehr triumphieren konnte. Wie heißt es doch so schön: Indianer kriesche nitt.

Neuhardts Siegelring bekam ich auch einmal zu spüren. Aus irgendeinem banalen Grund holte er aus und schlug mit der flachen Hand zu. Am nächsten Tag kam mein Vater in die Schule, weil mein Gesicht geschwollen war. Er ging erst gar nicht zu

Neuhardt. Vater marschierte sofort zu Rektor Winkel. Ich hatte zumindest in den nächsten Wochen meine Ruhe. Claus Leggewie, der heute als Publizist arbeitet, wurde dagegen von Neuhardt immer verschont. Erstens war er Klassenprimus, und zweitens war sein Vater Oberstudiendirektor am Aposteln-Gymnasium in Sülz. Doch nicht nur Schlagen gehörte zu Neuhardts Spezialfächern. Später versuchte er seine Schüler auch anders klar zu machen. Ein Beispiel: Dieter Lichnowski, ein guter Freund von mir, kaute an den Fingernägeln. Das wußte Neuhardt.

Eines Morgens mußte er seine Fingernägel zeigen. Lehrer Neuhardt forderte Dieter auf mitzukommen. Beide verließen das Klassenzimmer und kehrten nach 10 Minuten zurück. Lichnowski war fix und fertig, sagte keinen Ton mehr und setzte sich mit gesenktem, hochrotem Kopf an seinen Platz. Später erfuhr ich von Dieter, daß ihn Neuhardt vor einer Klasse gleichaltriger Mädchen regelrecht vorgeführt hatte. Dieter mußte durch die Bankreihen gehen und jedem Mädel seine abgekauten Fingernägel zeigen. Irgendwann bekam Neuhardt aber auch seine Abreibung. Vor der Klasse hatte er den Größten von uns, Dieter Zander, geprügelt. Als Neuhardt in der ersten Pause auf dem Schulhof Zander erneut schlagen wollte, passierte das Unglaubliche: Stellvertretend für die gesamte Klasse schlug Zander zurück. Neuhardt ging zu Boden. Es hat zwar niemand geklatscht, aber innerlich haben wir Zander zugejubelt und applaudiert. Nach diesem Vorfall wurde es auch bedeutend ruhiger in der Klasse. Dieser Schlag mußte bei Lehrer Neuhardt irgend etwas bewirkt haben. Mitte der 8oer Jahre habe ich Neuhardt bei einem Schulfest, auf dem wir mit den Fööss spielten, wiedergetroffen. Er war sichtlich stolz, daß er mich mal unterrichtet hatte, schaute zu mir hoch, wozu nur wenige in der Lage sind – ich bin 1,70 groß. Ich glaube, ich empfand Mitleid für ihn, obwohl mir sofort sein Psychoterror, den er mit uns veranstaltet hatte, wieder einfiel, vor allem die Geschichte mit meinem Freund Dieter Lichnowski, der damals zu unserer Clique gehörte. Dazu zählte auch Heribert Klaes und Oswald Hamacher. Wir waren ein gutes,

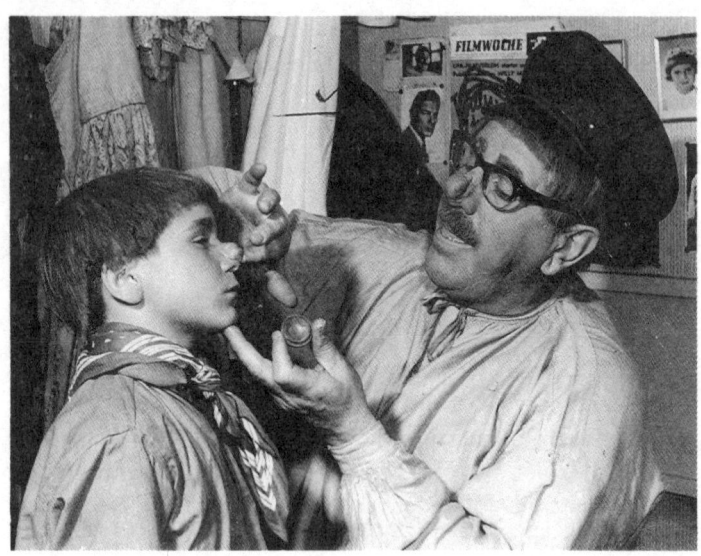

T. E. und Willy Millowitsch

eingespieltes Team und tauschten untereinander die Hausaufgaben aus. Wenn ich bei Heribert Mathe abschreiben durfte,
malte ich ihm schon mal für Erdkunde eine wunderschöne Land-
karte. Das hatte aber auch zur Folge, daß Heribert für seine
(meine) Zeichnung eine Eins kassierte, und ich nur eine Vier für
meine Karte bekam. Einziger Trost: Ich rutschte in Mathe nicht
ganz in den Keller.
Denn zu dieser Zeit stand ich jeden Abend im Millowitsch-
Theater auf der Bühne. Für das Stück »Drei Dach ahl Kölle«
wurde ein kleiner Junge gesucht, da Peter Millowitsch, Willys
Sohn, für die Rolle bereits zu groß war. Meine Tante Uli (Engel-
Hark) erzählte Willy von ihrem kleinen Neffen Thomas. Sie war
nicht nur Mitglied des Ensembles, sondern auch ständige Hör-
spielsprecherin beim WDR, hatte mit mir bereits die Rundfunk-
Serie »Wat bei Schmitzens all passeet« und den Fernsehfilm
»Märchen aus der Müllerstraße« gemacht. Bereits nach dem er-

sten Vorsprechen war Willy Millowitsch einverstanden. Ich hatte die Rolle. Nur, die Auftritte waren mit einigen Schwierigkeiten verbunden. Jeden Abend mußte ich um 19 Uhr im Theater sein, wurde von Willy (Foto) oder meiner Tante Uli geschminkt und bekam eine rote Kittnase verpaßt. Eine besonders große Rolle spielte ich zwar nicht, aber ich war in dem Stück immerhin Willys Sohn. Er war der Tünnes und ich der Köbes. An zwei Sätze erinnere ich mich noch heute: »Papa, lur' ens do, ne steile Zahn« und »Papa, hä hät jesoffe«. Nach der Vorstellung, gegen 23 Uhr, mußte ich dann vom Rudolfplatz mit der Straßenbahnlinie 21 nach Sülz fahren. Ich glaube, vor Mitternacht lag ich damals nie im Bett. Und das wochenlang. Klar, daß meine schulischen Leistungen darunter litten. Manchmal bin ich sogar während des Unterrichts eingeschlafen. Neuhardt ließ mich dennoch in Ruhe. Eigentlich war er von vornherein gegen das Engagement. Aber da er auch künstlerische Ambitionen hatte, Klavier spielte und mein Vater Musiker war, verloren sich seine Bedenken. Vielleicht wollte er auch meine ersten künstlerischen Gehversuche nicht verhindern. Das muß man zu seiner Ehrenrettung sagen. Zu Willy Millowitsch habe ich noch heute ein ausgesprochen gutes Verhältnis. Wir telefonieren öfter miteinander und wenn wir uns irgendwo treffen, begrüßt er mich immer sehr herzlich.
Ende des 7. Schuljahrs kursierte zunächst nur ein böses Gerücht. Tage später kam dann die Hiobsbotschaft. Neuhardt erklärte uns: »Jungs, nach den Ferien müßt ihr zur Schule Manderscheider Straße.« Was das bedeutete, war klar. Wir kamen vom Regen in die Traufe. Oder besser, vom Zwerg Neuhardt zum Riesen Stockmann. Über den hatten wir schon das Schlimmste gehört – streng und unbarmherzig, zwei Meter lang, Hände so groß wie Klodeckel. Stockmann war nicht nur unser Klassenlehrer, er war auch Rektor der Schule. Bei ihm sollten wir wohl den letzten Schliff bekommen. Nie werde ich vergessen, wie er das erstemal in der Klasse erschien. Erst waren nur seine lauten Schritte auf dem Flur zu hören, die an ein kleines Erdbeben erinnerten. Dann stand er im Türrahmen, den er komplett ausfüllte. Das war er

also, von dem wir schon soviel gehört hatten. Sofort machte er jedem klar, wo es das kommende Jahr langgehen sollte. »Wenn ihr das macht, was ich von euch verlange, kann man mit mir gut auskommen. Wenn nicht...« Mit einem Satz waren die Fronten geklärt, das Unheil nahm seinen Lauf.

Auch er hatte seine Spezialität: Das Stockmannsche Muskelzwicken. Wenn er einen Schüler zur Tafel rief, der vor lauter Angst eine Aufgabe nicht lösen konnte, nahm er ihn kurzerhand am Arm und grub seinen Riesenfinger zwischen Bizeps und Trizeps ein. Dabei tänzelten seine Finger über die Muskulatur wie über einen Gitarrenhals. Das führte dazu, daß der Schüler auch Melodien von Schmerz von sich gab, dabei eine Art Säbeltanz vorführte und seine Nase wie ein Radiergummi über die Tafel nach oben glitt. Ließ der Druck auf die Muskeln endlich nach, gab Stockmann dem Schüler noch einen Schlag auf den Hinterkopf, um ihn aus seiner Halbohnmacht wiederzubeleben und mit dem Wort »Setzen« auf seinen Platz zu entlassen. Weitere Spezialitäten: siehe Neuhardt, dem er in nichts nachstand und durch seine Urkraft sogar noch übertraf. Und dann war da noch unser Musiklehrer Allekotten. Den kannten wir schon von der Schule Berrenrather Straße, wo er noch als Referendar bei Lehrer Neuhardt hinten in der Klasse saß und sich auf das Examen vorbereitete. Zu Beginn des Unterrichts baute er vor uns sein Harmonium auf, weil wir das »so gerne mochten«. Höhepunkt jeder Musikstunde war immer das gemeinsame Lied »Ich hatte einen Kameraden«.

Zugegeben, manchmal setzte Rektor Stockmann seine Kräfte auch für gute Zwecke ein. Unsere Abschlußfahrt ging ins Schullandheim Ruppichteroth. Nach jeder Mahlzeit mußten wir im Speiseraum das Geschirr zusammensammeln. Eines Abends war ich an der Reihe. Als ich gerade die letzten Teller in den Speisenaufzug stellte, riß das Seil. Beide Arme waren eingeklemmt. Sofort kamen Rektor Stockmann und Kaplan Bachem, der als zweite Aufsichtsperson dabei war, zu Hilfe. Stockmann stemmte den vollbeladenen Aufzug so hoch, daß ich gerade die

Arme rausziehen konnte. Dann ließ Stockmann den Fahrstuhl mit vierzig Tellern los, der mit einem ohrenbetäubenden Knall im Schacht aufschlug. Zum Glück hatte ich nichts gebrochen. Meine geschwollenen Gelenke wurden mit essigsaurer Tonerde getränkten Lappen umwickelt. Trotz Stockmanns Rettung war die Klassenfahrt für mich gelaufen. Ich konnte meine Arme tagelang kaum bewegen.

Dä Jung muß ene anständije Beruf liere

Lehrzeit und Musikschule

Es muß an einem Winterabend des Jahres 1963 gewesen sein. Schauplatz war das »Haus Aachen«, eine Gaststätte an der Luxemburger Straße, Ecke Lotharstraße. Dort standen zu später Stunde zwei Herren an der Theke. Sie waren Freunde. Der eine mein Vater, der andere Bezirksschornsteinfegermeister Heinz Esser. An diesem Abend muß das Thema auf meine Zukunft gekommen sein, da vor Ostern die Schulentlassung bevorstand. Und weil mein Vater vor seiner Musikerkarriere auch einen »vernünftigen« Beruf erlernt hatte, nämlich Schneider, sagte er zu Freund Heinz: »Dä Jung muß ene anständije Beruf liere.« Mit diesem Satz sollte die Schicksalsfalle zuschlagen. Denn Meister Esser konnte dem Vorschlag nur zustimmen. Seine Ehe war kinderlos, und Nachkommen waren auch nicht in Sicht. Und da zu dieser Zeit der Schornsteinfegerberuf fast ausschließlich in der Familie weitervererbt wurde, kam die Zusage, dieses Handwerk erlernen zu dürfen, einer besonderen Ehre gleich. Noch am gleichen Abend wurde der Lehrvertrag per Handschlag am Tresen begossen. Über meinen Kopf hinweg.

Als mein Vater mir dies später mitteilte, fühlte ich mich auch noch sehr geehrt. Schließlich war ich als Kind immer gerne geklettert, und jetzt konnte ich die Kletterei zu meinem Beruf machen, so dachte ich. Ich stellte mir vor, über die Dächer zu steigen und alles von oben zu sehen. Doch die Realität sah wie so oft anders aus. Der erste Arbeitstag war noch wie ein Spiel. Ich wurde wie der Schimpanse Petermann aus dem Zoo präsentiert: Der Kölner Stadt-Anzeiger machte wegen meines berühmten Vaters einen Riesenbericht mit der Überschrift »Thomas steigt den Kölnern aufs Dach.« Die Fotografin Ingeborg Spielmans kletterte mit uns auf das Flachdach der Stadtsparkasse am Rudolfplatz und hielt meine ersten Kehrversuche mit »Leine« und »Sonne« im Bild fest. Ich fühlte mich sichtlich unwohl, wenn ich mir die Fotos von damals anschaue und meinen Gesichtsausdruck richtig deute. Und das lag daran, daß ich an diesem Morgen erstmals Bekanntschaft mit dem riesigen Schornstein der Sparkasse machte. Meister und Geselle hatten eine Riesenfreude, als bei meinem ersten Blick in den Schornstein im Keller einer der drei großen Ölbrenner der Heizung ansprang und mich eine Million Wärmeeinheiten in Form von heißem Ölruß einnebelten. Es verschlägt einem den Atem. Außerdem kann man sich überhaupt nicht vorstellen, wie danach das Gesicht stundenlang juckt.

Das härteste waren die Heizkessel der Stadtsparkasse selbst. Die mußten regelmäßig gesäubert werden. Wir mußten in die riesigen Kessel hineinklettern und die Innenwände mit Drahtbürsten reinigen. Die Anlage war natürlich ausgeschaltet. Aber du wurdest die Angst nie los, daß plötzlich ein Surren ertönt und Sekunden später eine riesige Stichflamme aus der Brennerdüse in den Kessel schießt. Was nichts anderes als den sicheren Tod bedeutet hätte, denn so schnell hätte man nicht aus dem Kessel raussteigen können. Zum Glück ist nie etwas passiert. Aber diese Arbeit war nur vergleichbar mit einem Job unter Tage. Eine zweite »Feuertaufe« fand wenig später im alten Augusta-Hospital am Bahndamm an der Zülpicher Straße statt, wo zu dieser Zeit Leichen zu Studienzwecken seziert und im Krematorium verbrannt wurden. Das Ganze hatte mein Geselle Helmut Moritz eingefädelt. Während wir Pause machten und frühstückten, erschien ein Mann im weißen Kittel, der mir ein Tablett mit Messingglocke überreichte. Mit den Worten »Eine Aufmerksamkeit des Hauses« hob er die Glocke hoch. Mir fiel mein Butterbrot aus dem Gesicht. Denn auf dem Tablett lag eine abgesägte Hand. Diese Art von Humor habe ich bis heute nicht begriffen.

Morgens um 6 Uhr war die Nacht zu Ende. Das hieß in die schwarze Uniform schlüpfen, die besonders am Morgen nicht gerade angenehm nach Ruß und Rauch roch. Mit dem Fahrrad ging es von der Lotharstraße zunächst zur Bäckerei am Gottesweg, wo mir kommentarlos eine Tüte mit sechs Brötchen überreicht wurde. Denn um 7 Uhr wurde bei Meister Heinz Esser in der Erpeler Straße erst mal gefrühstückt. Frau Esser schmierte im Morgenmantel die Brötchen und schüttete den Kaffee auf. Wenig später erschien der Meister im weinrot-gemusterten Seidenmantel und passendem Seidenschal. Ein Auftritt wie in einem Hollywood-Streifen der 50er Jahre. Es umgab ihn ein Flair von »Fritz Astaire«. Nur ich war im falschen Film. Denn mit der Frage »Wat wor jestern widder, wo wor d'r Helmut?« fiel die erste Klappe zu einem Horror-Film. Wenn am Vortag der Geselle mal wieder getrunken hatte, mußte ich schon morgens den Ärger ausbaden. Und das gleich doppelt.

Einerseits wußte der Chef, bevor er die Frage stellte, daß ich lügen würde, um den Gesellen zu schützen. Andererseits mußte ich mir eine Lügengeschichte für den Gesellen ausdenken, der mir am Vortag immer einbleute: »Sag dem Chef nichts.« Bis heute ist mir unerklärlich, wie ich diese Zeit als Prellbock zwischen zwei Menschen überhaupt durchstehen konnte. Das war der blanke Psycho-Terror. Du hattest überhaupt keine Chance. Hast du gelogen, gab der Meister dir Feuer. Hattest du die Wahrheit gesagt, trat mich der Geselle in den Arsch. Ich stand wie ein Zwerg zwischen zwei Riesen, hatte ständig das Gefühl, erdrückt zu werden. Das beste war immer noch, wenn Helmut morgens erst gar nicht zur Arbeit kam. Dann übernahm Helmuts Frau die Entschuldigung per Telefon. Und ich konnte in aller Ruhe in der

Thomas steigt den Kölnern aufs Dach

Schornsteinfegerlehrling erlebte den ersten Berufstag

Von Rudolf Weiler

Für den 14jährigen, knapp 1,50 Meter großen Thomas Engel hat gestern ein neues Leben begonnen. Thomas, Sohn eines der „Vier Botze" und Patenkind des kölschen Brauchtumsvaters Thomas Liessem, trat am 1. April seinen Dienst bei Bezirksschornsteinfegermeister Heinz Esser an. In der schwarzen Montur, die ihm Meister Esser anmessen ließ, lernte das zehnte „Bötzche" (soviel Sprößlinge haben die „Vier Botze") den Ernst des Lebens auf dem Dach eines Kölner Hauses kennen.

Mit kühnem Schwung — es riß ihn fast herum — warf sich Thomas den Kehrbesen mit Seil und Kugel über die rechte Schulter. Die linke beschwerte er mit Schuttkratzer und Stoßeisen. So gerüstet bestieg Thomas den Paternoster der Stadtsparkasse an der Ecke Schaafenstraße und fuhr seiner ersten Wirkungsstätte entgegen. Meister Esser und Geselle Peter Moritz folgten ihm.

Der frischbackene Schornsteinfegerlehrling Thomas Engel nahm die ersten Sprossen zum beruflichen Erfolg mit dem ganzen Elan seiner vierzehn Jahre. Sie waren aus Eisen, diese Sprossen, und führten auf den höchstgelegenen Punkt des Flachdaches. Zusammen mit Meister und Geselle auf dem Schornsteinrand stehend, sah Thomas die Welt, die Stadt, in der ihn der große Thomas über das Taufbecken hielt, zum erstenmal von oben. Seine Wangen röteten sich.

Thomas aber sah nicht nur die Dächer von Köln, sondern auch den breiten Schlund des Schornsteins, den er künftig sechsmal im Jahr zu fegen hat. Peter Moritz zeigte es ihm: in eine Wolke von Ölruß gehüllt. Das konnte Thomas nur wenig beeindrucken. Als er noch die Schulbank am Manderscheider Platz drückte, hatte er dem Schornsteinfeger auf dem Nachbarhaus zugesehen und sich gewünscht, auch einmal da oben stehen zu können. Sein Wunsch ging gestern in Erfüllung.

Bevor es jedoch soweit war, wurde er ebenso wie 18 weitere Schornsteinfegerlehrlinge von der Innung noch einmal auf Rechnen und Schreiben geprüft und von einem Arzt gründlich untersucht. Der kleine Pfiffikus wies überdurchschnittliche Leistungen auf und verspricht, wenn er sich dereinst zum Haken gekrümmt hat, ein guter „schwarzer Mann" zu werden.

Eine Auslese unter den Lehrlingen ist notwendig, weil sich die straff organisierten Schornsteinfeger, deren Innungsbereich dem Regierungsbezirk entspricht, aus Konkurrenzgründen nicht selber ins Handwerk pfuschen wollen. Aber auch deshalb, weil ein Meister aus verständlichen Gründen nur einen Lehrling beaufsichtigen und anleiten kann.

Thomas schien mit seiner ersten Arbeit zufrieden. Ein freundliches Grinsen ging über das schon angeschwärzte Gesicht. Hoffen wir, daß die übrigen 4700 Handwerkslehrlinge am ersten Tag ihrer beruflichen Karriere gleiches empfanden.

Der Anfang ist gemacht: Schornsteinteger-Lehrling Thomas Engel zwischen Bezirks-
meister Heinz Esser (rechts) und dem Gesellen Helmut Moritz auf dem Dach der Stadtsparkasse.   Bild: Spielmans

Garage Werkzeuge putzen, weil ich als Lehrling noch nicht alleine kehren durfte.

An normalen Tagen ging es um 7.30 Uhr in den Bezirk, der auf der einen Seite aus dem Zülpicher Wall, der Zülpicher-, Hochstaden- und Kyffhäuser Straße bestand, ein ganz normales, gut funktionierendes Viertel, und auf der anderen Seite aus dem vornehmen Lindenthal. Dieser Teil bestand schon damals aus großzügigen Eigentumswohnungen, Einfamilienhäusern und Villen. Und weil alles so vornehm zuging, durfte ich manche Häuser überhaupt nicht betreten. »Der Kleine muß aber draußen bleiben«, sagten viele Besitzer, die Angst hatten, ich würde mit meinen schwarzen Händen ihre weißen Wände beschmieren. Es hätte mir manchmal tatsächlich riesigen Spaß gemacht.

Angenehm waren Arbeiten, die der Geselle auch gerne machte. Dann war er gut gelaunt. Ich hatte nichts zu befürchten. Zu diesen Aufgaben zählte das Ausbrennen von Schornsteinen mit Gasflasche und Gasbrenner. Eine leichte Aufgabe, bei der man sich nicht so dreckig machte wie sonst. Dabei hielten wir uns in der Regel in einem Haus auf und gingen von Etage zu Etage. Bevor wir uns an die Arbeit machten, hatten Meister oder Geselle mit der Feuerwehr gesprochen. Denn es lag auf der Hand, daß Anwohner beim Anblick der aufsteigenden Rauchwolken an einen Kaminbrand dachten und Alarm schlugen. Leider vergaß einer der beiden einmal, die Feuerwehr zu benachrichtigen. Die Folge: Minuten später rasten mehrere rote Autos mit blauen Lichtern und großen Leitern zum Zülpicher Wall. Eigentlich hätte sich der Meister die Kosten für den Fehlalarm sparen können. Eine halbe Stunde später stand nämlich ein älteres Mütterchen aus der darüberliegenden Wohnung im Rahmen und meinte erschrocken: »Junger Mann, bei mir en d'r Köch es de Wand am Brenne.« Sie hatte nicht unrecht. In der Tat hatten clevere Fachleute beim Einsetzen des Ofenrohrs statt Steine einfach Brikettstücke benutzt. Und die glimmten durch die enorme Hitze im Kamin langsam vor sich hin. Wir kamen gerade noch rechtzeitig.

Überhaupt waren Geselle Helmut Moritz, der eigentlich schon

Meister war, aber noch keinen eigenen Bezirk besaß, und ich eher ein Pärchen aus dem Komikheft. Ich war damals gerade 1,60 Meter groß, der Geselle hatte immerhin die immense Größe von 1,95 Meter. Wenn wir durch den Bezirk gingen, passierte es häufig, daß Passanten spontan applaudierten.

Alles hatte seine Ordnung. Das fing schon damit an, daß ich immer rechts neben ihm gehen mußte. Ich weiß bis heute nicht warum. Aber bekanntlich werden auch dressierte Hunde grundsätzlich rechts geführt. Vielleicht war es auch nur eine besondere Art der Fürsorgepflicht.

Streß kam eigentlich nur auf, wenn Helmut während der Arbeitszeit mal wieder Durst verspürte. Dann mußte ich nicht nur alleine weitermachen, ich durfte mir immer wieder Ausreden einfallen lassen, wenn der Meister unerwartet in seinem grünen Porsche Super 90 auftauchte. Als aktiver Jäger war grün übrigens seine Lieblingsfarbe. In der Regel machter er sich sofort auf die Suche und fand seinen Gesellen irgendwo an einer Kneipentheke im Bezirk. Oft kam es deshalb zum Krach. Manchmal allerdings auch nicht. Wenn ich dabei war, machte er Helmut nämlich nicht zur Schnecke. Dann standen wir zu dritt am Tresen. Das waren immer die schönsten Momente.

Unser Dreiecksverhältnis, der damit verbundene Streß und die Arbeit machten mir immer weniger Freude. Das Faß lief endgültig über, als Meister Esser mir auch noch verbot, lange Haare zu tragen. Zugegeben, lange Haare unter dem Schornsteinfegerkäppi sehen »Banane« aus. Zudem flog ich wegen des Pilzkopfes damals regelmäßig aus der Straßenbahn raus. Doch wie fühlt sich ein Indianer, den man skalpiert? Schließlich spielte ich damals schon bei der Kölner Gruppe »Black Birds«, die ein festes Engagement im »Star-Club« am Hohenzollernring hatte. Alle Bandmitglieder hatten lange Matten, und ich saß hinterm Schlagzeug mit meinem Mecki-Schnitt. Jeden Abend spielten wir bis weit nach Mitternacht wie die Geisteskranken Beatles und Kinks. Ich dachte an alles andere, nicht aber an den nächsten Morgen, das frühe Aufstehen, die Brötchen für den Chef und die Kamine. Die

Musik wurde immer wichtiger für mich, half mir, die Arbeit wenigstens am Abend zu vergessen. Abends war ich »Popstar« und nicht der letzte Arsch.

Die Erlösung kam nach anderthalb Jahren. Da saß ich morgens in der Berufschule an der Ulrichgasse und meldete mich zum Austreten. Auf der Toilette sah ich rot – beim Blick ins Becken. Ich pinkelte Blut. Stunden später lag ich in einem frischbezogenen Bett der Uni-Klinik. Diagnose: Akute Nierenentzündung. Innerlich hatte ich mich auf zwei oder drei Tage Krankenhausaufenthalt eingestellt. Es wurden 14 Wochen strengster Bettruhe daraus. Und das Ganze auch noch über Weihnachten und Neujahr. Eine schlimme Erfahrung, als 15jähriger im Krankenhaus liegen zu müssen, während daheim unterm Tannenbaum an der Lotharstraße die Familie zusammensaß und feierte. Und dennoch hatte der Klinikaufenthalt nicht nur Nachteile, sondern drei entschiedene Vorteile:

1. Ohne daß es irgend jemand bemerkt hatte, war ich in den 14 Wochen mehr als zehn Zentimeter gewachsen. Als meine Mutter mich dann von der Klinik abholen wollte, staunte sie nur, als ich vom Bettrand aufstand: »Nä Jung, wat häss do ne Schoß gemaat.« Meine Mutter machte sich auf den Weg und besorgte mir neue Klamotten. Nichts paßte mehr, selbst meine Beatles-Boots, auf die ich so stolz war, waren zu klein geworden.

2. Ich hatte ein ausgesprochen gutes Verhältnis zu meinem Stationsarzt. Ein Mensch, der mir zuhörte, wenn ich ihm von meinen Problemen erzählte. Und die bestanden in der Hauptsache darin, daß ich am Schornsteinfegen keinen Spaß hatte und es leid war, bei Streitigkeiten ständig zwischen Meister und Geselle stehen zu müssen. Außerdem wollte ich nur eins, und das war schon damals klar: Ich wollte Musiker werden, nichts anderes. Der Arzt machte meinem Vater und Meister Esser klar, daß ich für den Beruf des Schornsteinfegers denkbar ungeeignet sei.

3. Und im Krankenhaus lernte ich noch etwas fürs Leben – Skat.

Mein Vater holte mich sofort aus der Lehre und meldete mich

Tage später bei der »Rheinischen Musikschule« an der Vogelsanger Straße an. Damit hatte ich nun auch nicht gerechnet. Aber er blieb hart und gab mir zu verstehen: »Wenn du Musiker werden willst, dann aber richtig.« Was er damit meinte, verstand ich erst nach der Aufnahme. Ich hatte mich zwar für das Fach Schlagzeug angemeldet, konnte bei der Aufnahmeprüfung meinem Lehrer Friedhelm Caskel, ein früherer Paukist der Berliner Philharmoniker, auch gleich »Take Five« von Dave Brubeck vorspielen, doch eigentlich hatte ich nur die schwarze Uniform gegen schwarze Gymnastikschuhe getauscht. Denn zur Ausbildung gehörte auch das Fach »Rhythmik«. Die Stunden fanden in der Realschul-Turnhalle an der Inneren Kanalstraße statt. Dort saß eine Lehrerin am Klavier, die nichts anderes als »Ding, ding e dong« auf den Tasten spielte. Zu diesem Klavierspiel tänzelten dann fünf Langhaarige in Ballettschühchen im Kreise und klatschten dazu gegen den Takt in die Hände. Total bescheuert. Ich war nicht der einzige, der so dachte. Nach wenigen Stunden fragte ich mich: »Wat mähst do eijentlich he?« Da sitzt du jeden Abend im Star-Club hinterm Schlagzeug, trommelst dir die Seele aus dem Leibe, und tagsüber watschelst du wie eine Ente übers Parkett. Es war klar, diese Stunden wurden von nun an geschwänzt. Vielleicht habe ich die »Rheinische«, die ich nach einem Jahr verließ, auch nur besucht, um meinen Vater nicht schon wieder zu enttäuschen.

Dann begann eine Zeit des Rumhängens. Mit der Musik verdienten wir nicht viel. Meine Mutter fragte oft, wie es denn mit Geldabgeben wäre und forderte mich auf, mir richtige Arbeit zu suchen. Denn zu diesem Zeitpunkt hatte mein Vater uns schon verlassen. Meine Mutter war auf jeden Pfennig angewiesen. Die guten Zeiten mit den »Vier Botze« waren längst zu Ende. Das Verhältnis zu meiner Mutter wurde immer unerträglicher. Immer häufiger stritten wir uns, wenn ich nach einer durchspielten Nacht bis mittags im Bett lag. Sie machte mir Vorwürfe wegen der abgebrochenen Lehre, und überhaupt fragte sie mich immer, wann ich endlich mal was tun wollte. Ich machte aber doch Mu-

V. l. n. r.: Roland Pesch, Baß; Wilfried Dormagen (Fibbes), Leadgitarre; Erich Meck, Rhythmusgitarre; T. E., Schlagzeug

sik. Damit wollte ich irgendwann mal meinen Lebensunterhalt bestreiten.

In dieser Zeit gab es auch die »Rolltreppe« am Rudolfplatz, das erste Fastfood-Restaurant in Köln. Vor den Auftritten im Star-Club traf sich dort die Band, hing stundenlang an einer Cola und einer Portion Fritten rum und freute sich darüber, wenn Papier-klümpchen, die wir zuvor mit Senf an die Decke katapultiert hatten, auf die Teller der Nachbartische fielen. Der Streß zu Hause war vergessen. So einfach ging das. Kurz vor 8 Uhr ging's rüber in den Club, wo die Leute schon auf uns warteten. Du hattest das Gefühl, hier bist du zu Hause, hier fühlst du dich wohl, hier kannst du Musik machen, hier gibt's keine Vorwürfe. Und wenn du in der Pause die Bühne runterkamst, warteten die Mädels am ersten Tisch, der für die Band reserviert war. Immer die gleichen – die ersten Groupies. Eine verrückte Zeit, nur die Gagen stimmten nicht. Aber das interessierte uns damals nicht sonderlich, Hauptsache wir konnten spielen. Die Gagen waren unerheblich, die mußten wir sowieso am nächsten Tag sofort zum Musikhaus Kossmann an der Bonner Straße bringen, um die Anlage abzustottern. Überhaupt ein Wahnsinnstyp dieser Kossmann. Der rückte selbst für kleinste Anzahlungen und noch kleinere Abzahlungen das Equipment raus. Wenn es diesen Herrn Kossmann nicht gegeben hätte, hätten viele Bands damals auf alten Röhrenradios musiziert. Irgendwann hieß es, daß der Kossmann den Laden dicht machen muß. Alle hatten damals Angst. Können wir unsere Anlagen behalten, weiterhin Minimalraten zahlen, oder kommt nun der »Kuckuck«. Kossmann hielt durch, wir konnten unsere Raten abstottern. Die »Black Birds« waren gerettet. Heute besitzt der Kossmann in Köln-Vingst ein Musikgeschäft.

Von den Luckies zu den Fööss

Die Gruppen

Es fing alles mit »The Luckies« an. Als Dreizehnjährige gründeten wir im Pfarrheim St. Nikolaus die »Glücklichen«. Die Gitarren verstärkten wir über alte Röhrenradios. Ich spielte damals noch auf Orfschen Holz-Trommeln, die wir aus dem Musikraum der Schule Berrenrather Straße zusammengetragen hatten. Das war nur möglich, weil unser Gitarrist der Sohn des Schulhausmeisters war. Einige Monate später ging mein Vater, der es offenbar nicht mehr mit ansehen konnte, wie ich mich auf den Trommeln herumquälte, mit mir zum Musikhaus Teipel, damals am Friesenplatz, und kaufte mir ein richtiges Schlagzeug. Die 850 Mark waren zu dieser Zeit ein stolzer Betrag, der natürlich mit monatlichen 100 Mark-Raten abgezahlt werden mußte. Zugegeben, das Gerät war zwar noch nicht das Wahre, das

Stand-Tom fehlte, die Snare war so dick wie ein Bierdeckel und klang wie Arsch auf Eimer, aber jetzt konnte ich endlich vernünftig trommeln. Das Schlagzeug war mein Instrument. Auf der Bühne saß ich im Hintergrund, konnte von hinten Druck machen. Das Spielen habe ich mir selbst beigebracht. Stundenlang saß ich damals vor dem Plattenspieler oder irgendeiner Musikbox und hörte Beatles und Kinks. Zudem war ich regelmäßig Gast, wenn im »Star Club« oder »Storyville« am Ring englische Bands auftraten. Ich stand immer in der ersten Reihe und hatte nur Augen für den Drummer. Dabei habe ich viel gelernt. Denn die Engländer waren unsere großen Vorbilder. Als ich eines Tages meinen ersten »Two-Beat« draufhatte, ein Doppelschlag auf der Bass-Drum, bin ich fast abgehoben. Das konnten damals nur die Schlagzeuger von der Insel.

Das erste Konzert der »Luckies« im Pfarrheim von St. Nikolaus war schon eine richtige Sensation. Eine Beatband live im Jugendheim – die Kids flippten richtig aus. Unser Repertoire bestand in dieser Anfangszeit in der Hauptsache aus Instrumental-Stücken, denn Solo-Gitarrist Willi Poetes war ein ausgesprochener »Shadows«-Fan. Wenn Willi »Apache« spielte, mußte er erst mal sein Grundig-Tonband-Gerät anwerfen, eine Band-Schleife legen und darüber den Hall erzeugen. Erfinderisch mußte man damals schon sein, wenn man englische Titel spielen wollte. Und da die alten Röhrenradios ein Pfarrheim nicht beschallen konnten, bauten wir nach und nach unsere Verstärker und Boxen selbst. Besonders mutig war unser Bassist Gerd Tutt, der gerade bei seinem Vater eine Elektriker-Lehre absolvierte. Eines Tages kam er mit einem selbstgebauten Verstärker in den Proberaum. Der sah richtig gut und solide aus. Die Kanten waren mit Alu-Profilleisten geschützt, die Lautsprecher waren mit einem Drahtnetz abgedeckt, und die Bedienungsknöpfe waren aus Pertinax. Das Ding hatte nur einen Nachteil: War das Gerät eingeschaltet, durfte es niemand mehr berühren. Der Verstärker stand voll unter Strom.

Die Anlage hatten wir also zusammen. Nur bei der Dekoration haperte es noch. Weißes Neonlicht, eine weiße Kalk-Wand im

Bühnenhintergrund, das sah eher wie im Sanatorium aus. Da mußte was passieren. Plötzlich ging mir ein Licht auf. Es gab ja noch das »Weißhaus«-Kino an der Luxemburger Straße. Dort lagen in einem kleinen Raum die schwarzen Großbuchstaben zur Ankündigung neuer Filme – wunderbar sortiert, zum Abholen bereit. Wir gingen also gemeinsam in die Vorstellung, schlichen uns während des Hauptfilms unbemerkt an der Kasse vorbei und suchten uns die Buchstaben aus den Kästen, die danach im Jugendheim an die Wand geklebt wurden. Jetzt prangte der Schriftzug der Band über der Bühne. Mit »Fibbes« Wilfried Dormagen, der später bei den »Luckies« eingestiegen war, gründete ich dann 1973 die »Black Birds«, mit denen ich dann ein halbes Jahr später mein erstes festes Engagement im »Star-

Mein erstes richtiges Schlagzeug

Club« am Hohenzollernring, ein umgebautes Café, hatte. Der »Club« war dem berühmten Hamburger Vorbild nachempfunden. Zunächst bestand die Bühnen-Dekoration aus der Londoner Skyline mit Tower-Brigde und Big Ben. Später kamen dann die Köpfe der »Fab Four« dazu. Denn inzwischen war schon die »Beatlemania« im Anmarsch. Jeden Abend standen wir auf der Bühne. Sonntags mußten wir sogar schon nachmittags beim sogenannten Tanz-Tee ran. Ein harter Job in einem verrauchten Laden. Die Abendgigs liefen meist bis weit nach Mitternacht. Eines Tages erschien mein Vater im »Star Club« und erklärte dem Besitzer: »Dä Jung es eets 15. Paß mer op dä Klein op.« Die Bemerkung war eigentlich überflüssig. Erstens sah ich damals eher wie ein Zwölfjähriger aus, und zweitens hatte der »Star Club«-Chef ohnehin schon dafür gesorgt, daß ich bei nächtlichen Polizei-Razzien immer rechtzeitig in der ehemaligen Küche hinter der Bühne verschwinden konnte.

Mit Fibbes machten wir einen entscheidenden Schritt nach vorne. Er beherrschte die Gitarre virtuos, saß ewig vor dem Radio und Plattenspieler und schrieb die Harmonien der neuesten Songs raus, die wir anschließend im Ehrenfelder »Nonni-Club« am Helmholtzplatz bis zum Umfallen einübten. Fibbes war wie besessen, besaß den nötigen Ehrgeiz und alles, was ein Musiker braucht. Deshalb verstand ich nicht, daß er irgendwann mit der Musik aufgehört hat. Durch ihn konnten wir die komplette »Help«-LP von den Beatles spielen. Einige Stücke waren harmonisch ganz schön schwierig und mit den damaligen Möglichkeiten schwer zu reproduzieren. Dazu kam Roland Pesch, unser Bassist. Er sah nicht nur wie Ray Davies aus, er sang auch sämtliche Kinks-Stücke von »You really got me« über »All days and all of the night«, »I need you« bis hin zu »Sittin' on my sofa«.

Nach dem »Star Club«-Engagement und Auftritten im »Storyville«, wo damals so bekannte Gruppen wie »Georgie Fame & the blue Flames«, »Animals«, »Neil London and the burnetts« oder Noel Redding, der später bei den Jimi Hendrix Experience als Bassist einstieg, gastierten, spielten wir damals in Jugendheimen, Sälen und Kneipen. Einmal stellten wir uns in der Kalker »Burg« an der Kalk-Mülheimer-Straße vor. Zur Kneipe gehörte ein kleiner Saal, ideal für Live-Musik. Die Wirtin war auch einverstanden. Einzige Bedingung: Wir mußten vorher den Saal komplett renovieren und eine kleine Bühne bauen. Was wir auch brav taten. Tagelang haben wir die Wände tapeziert, Türen gestrichen und ein Podest gebaut. Allerdings: Das Engagement war kürzer als die gesamten Renovierungsarbeiten. Die Rolling Beats, bei denen Bömmel Lückerath mitspielte, hätten sich wohl halb totgelacht, wenn sie damals davon erfahren hätten. Sie spielten zur gleichen Zeit in der gegenüberliegenden »Theo's Bierbar«. Das war ein Nahkampf-Schuppen wie die Kalker »Wall-Klause«, wo die Auftritte nicht ganz ungefährlich abliefen. Ein Schuppen nur vergleichbar mit dem Country-Laden aus dem Film »Blues Brothers«, wo die Band nur hinter einem Maschendraht vor herumfliegenden Flaschen und Gläsern Schutz fand. In der »Wall-Klause« gab es zwar keinen Maschendraht, dafür stellten sich bei diversen Schlägereien immer einige kräftige Jungs vor die Bühne und sorgten dafür, daß an die »Black Birds« nichts rankam. Die mochten uns scheinbar. Außerdem standen sie auf Live-Musik. Wäre uns etwas passiert, hätten sie wieder die Musikbox bemühen müssen.

Danach »eroberten« wir das Bergische Land. Das lag nicht zuletzt an unserem völlig neuen (den Kinks abgeguckten) Outfit, das wir bei einem Auftritt im »Hotel am Bock« in Bergisch Gladbach präsentierten. Schwarze Shake-, Slop- oder Twist-Hosen und gelbgefärbte Nyltest-Hemden, auf die Rolands Mutter gelbe Rüschen genäht hatte. Nach einigen Auftritten war meine Hose so speckig, daß sie von allein in der Ecke stehenblieb. Später haben wir uns dann in einem Overather Tanzsaal einen zusätzlichen Gag einfallen lassen. Wir sind nach der Ansage wie eine Fußballmannschaft eingelaufen und haben tierisch abgeräumt. Die Besucher haben sich manchmal gewundert, daß da vier Milchgesichter auf der Bühne Beatles und Kinks wie von der Platte spielten. Bei einem Gig war dann wohl der Drummer der Gruppe »Guys and

Guys and Doll, v. r. n. l.: Mike Cummings, T. E., Uli Richter, Annelie Ommer,
Bernhard Möhl

doll« im Saal, beobachtete mich den ganzen Abend und schlug
mich danach seiner Band als neuen Schlagzeuger vor, weil er aus-
steigen wollte. Ein passendes Angebot, weil die »Black Birds« das
klassische Schicksal vieler Amateurgruppen ereilt hatte: Tod
durch Einzug der Bandmitglieder zur Bundeswehr.
Kurz zuvor hatte ich mit Mike Cummings zum erstenmal einen
»echten« englischen Musiker kennengelernt. Er kam aus Liver-
pool und spielte gerade mit »Lee Curtis and the Allstars« im
Kölner »Star Club«. Nach diesem Gastspiel stieg er bei Lee Curtis, eine Art Elvis-Verschnitt, als Solo-Gitarrist aus und blieb in
Köln. Er spielte richtig gut. Mit Mike stieg ich also bei »Guys
and Doll« ein – mit Annelie Ommer am Baß, Uli Richter an der
Rhythmusgitarre und Bernhard Möhl an den Keyboards. Für
mich war der Einstieg gleichzeitig eine musikalische Umstel-
lung. Die Band spielte R & B-Titel von Chuck Berry, Soulstücke
wie »Midnight hour« oder »Knock on wood«. Und mit einem
Keyboarder hatte ich bis dahin noch nie zusammengespielt. Ein

völlig anderes Klangbild, wenn Bernhard, der Keyboarder, auf seiner merkwürdigen »Philicorda« bei Soultiteln ganze Bläserphrasen aus dem Gerät herausholte. Heute nichts Besonderes, aber damals war das etwas ganz Neues. Ein großes Problem war für mich zu dieser Zeit die Fahrerei. Die Gruppe kam aus Untereschbach, wo auch geprobt wurde. Bassistin Annelie mußte mich nicht nur zu jeder Probe oder zu jedem Auftritt in Sülz mit dem Auto abholen, sie mußte meiner Mutter auch jedesmal ein Papier unterschreiben. Auf dem stand, daß Annelie als Aufsichtsperson eingesetzt war und auf mich gefälligst aufzupassen hatte. Nach einem Jahr stieg ich bei »Guys and Doll« wieder aus. Auch Mike Cummings verließ die Band. Damals hieß es, er hätte in Skandinavien eine reiche Prinzessin kennengelernt und geheiratet.

Ich schloß mich den befreundeten »Black Beats« an, die ebenfalls aus dem Bergischen Land kamen und bei denen später Kingsize Dick als Sänger einstieg. Das Repertoire bestand u. a. aus Sam & Dave (»Hold on«), Wilson Pickett (»In the midnight hour«) und Stücken von Small Faces, Dave Dee und diversen Beatles-Songs. Das alles spielte 1967. Die Beatles veröffentlichten ihr Sgt. Pepper-Album. Plötzlich war alles anders. Es begann die Flower-Power- und Protest-Zeit. Die konventionelle Mode war passé. Wir hüllten uns in bunte, zum Teil selbst entworfene Klamotten. Bassist Charlie Schade, ein begnadeter Maler, tauchte sogar das »Poster« (in den 60er Jahren die Live-Musik-Hochburg) in Porz in einen einzigen Farbtopf, hüllte die Wände in ein Meer aus Blumen, aus dem »Aquarius« (aus dem Kult-Musical »Hair«) und »Lady Madonna« aufstiegen. Wir feierten Parties und kifften. Natürlich gab es auch Fixer und Leute, die diverse Trips einwarfen. Aber vor diesen Drogen hatte ich immer eine natürliche Sperre.

Und dann wurde gespielt. Im »Saal Dresen« in Eitorf, im »Steinenbrücker Hof« in Steinenbrück, im Ehrenfelder »Glaspalast« oder im »Vingster Hof«, auch eine berüchtigte Bude. Es verging kein Auftritt ohne eine Riesen-Schlägerei. Zum Glück war ich hinter meinem Schlagzeug immer ganz gut geschützt. Eine wilde

Zeit, manchmal haben wir auch ein Faß Bier aus dem Keller mit- gehen lassen, das anschließend geleert wurde. Einen Manager hatten die »Black Beats« damals auch schon, Horst Graf. Der hatte immer Schulden bei der Band. Die Kohle, die er bei Auf- tritten mitkassierte, mußte er meist hinterher an Gruppenmit- glieder weiterleiten. Eine Geschichte vergesse ich nie. Horst hatte sich einmal vom Besitzer des »Big apple« an der Luxem- burger Straße ein VW Cabrio ausgeliehen und meine Freundin Irmgard und mich zu einer Spritztour eingeladen. Ich besaß noch keinen Führerschein. Irgendwann konnte ich der Verlockung nicht widerstehen. »Loß mich ens fahre«, bat ich Horst. Das hätte er besser nicht gemacht. Irgendwo in Eitorf bin ich in einer Kurve ins Schleudern geraten und raste mit dem rechten Hinterrad gegen einen hohen Bordstein. Das Rad hatte ein Ei. Trotzdem sind wir noch zu einem Auftritt gefahren. Nach dem Gig hat Horst das Cabrio zurückgebracht, aber kein Wort über die beschädigte Felge verloren. Als er einen Tag später wieder ins »Big apple« kam, hat ihm der Besitzer kommentarlos eine eingescheppt. Er hatte zwar ein blaues Auge, mußte das Rad bezahlen, aber er hat mich nicht verraten. Das habe ich ihm bis heute nicht vergessen.
Vielleicht war die Zeit bei den »Black Beats« die unbeschwer- teste. Geld besaß niemand, aber es war immer etwas los. Manch- mal haben wir uns auch nur im Sommer an einem Baggerloch am Flughafen getroffen, Lagerfeuer gemacht, die Gitarren ausge- packt und gesungen. So hatten wir uns das Musikerleben vorge- stellt. Deshalb war die Kohle auch nicht so wichtig. Leute, die einem geregelten Job nachgingen, waren für uns Spießer. Beson- ders, wenn sie auch noch Schlips und Kragen trugen. Die ver- standen uns sowieso nicht, hätten uns am liebsten auf den Mond geschossen. Mit Irmgard und einigen Freunden bin ich auch oft nach Holland gefahren. Der Grund: Das Zelten, das Meer, die Piratensender »Radio Veronica« und »Radio Caroline«, die immer die neusten Songs aus England und Amerika von den Beatles, Stones, Mamas & Papas oder Scott McKenzie (»San Francisco«) spielten. Mit dem Einstieg bei den »Shooting Stars«

änderte sich auch meine Einstellung zur Musik. Hatte ich mich bis dahin eher treiben lassen, legte ich nun mehr Gewicht auf das Zusammenspiel mit der Band. Das lag nicht zuletzt daran, daß die Gruppe aus erfahrenen Musikern bestand, für mich damals alles »alte Recken«, weil alle auf die dreißig zugingen und schon im Rock'n'Roll der 50er Jahre mitgemischt hatten. Mit mir sollte frischer Wind in die Gruppe kommen. Ihr Programm bestand aus Instrumental-Stücken von den »Shadows« und »Spotnicks« oder aus alten Rock 'n' Roll-Songs.

Nach meinem Einstieg wurden »Bee Gees«-Titel wie »Massachussetts« und »To love somebody« oder Beatles-Stücke wie »You've got to hide your love away« und »Fool on a hill« ins Repertoire aufgenommen, die ich dann gemeinsam mit Bassist Mike Rogatti sang. Mike holte mich auch immer zu Hause mit seinem VW Käfer ab. Er mußte immer mit meiner Mutter im Wohnzimmer eine Tasse Kaffee trinken und ein Zigarillo rauchen. Den mochte meine Mutter. Außerdem roch er immer gut nach After-shave, war ein gepflegter Mensch mit guten Umgangsformen und machte einen vertrauenerweckenden Eindruck. Und da meine Mutter immer Angst hatte, »dat an dä Jung jet drankütt«, konnte sie jetzt beruhigt sein. Auch musikalisch sammelte ich jetzt mehr Erfahrungen. Gerade durch Mike. Der hatte schon vor Jahren bei den »Firebirds«, mit Dieter »Büggel« Geiss am Schlagzeug und Michael Kurgel als Sänger, gespielt. Kurgel war der erste Kölner Musiker, der es geschafft hatte. Er legte sich später den Namen Michael Kennedy zu, stieg bei der Gruppe »Los Bravos« ein und sang mit seiner Gene Pitney-Stimme den Welthit »Black is black«. Mike Rogatti war ein Bassist, der genau auf den Punkt spielte. Durch ihn lernte ich erstmals präzise zu trommeln, mit dem Baß das Rhythmus-Fundament einer Band zu bilden. Ich erfuhr, was es heißt, am Schlagzeug das Timing zu halten. Diese Erfahrung hat mir bei späterer Studio-Arbeit sehr geholfen. Auch mit den »Shooting Stars« hatten wir feste Gigs, zum Beispiel in der »Merki-Tanzbar« in Köln-Merkenich. Dabei war es damals nicht einfach, an feste Engagements ranzukommen. Schließlich existierten zu dieser Zeit in Köln rund 250 Bands, von denen allerdings keine aus der Anonymität auftauchte. Gut, einige Gruppen wie »Misfits«, »Barking dogs«, Wilfried Bodes »Gang« oder »Stowaways« hatten schon in Köln und Umgebung einen Namen. Aber mehr auch nicht. Das stärkste war noch die Band »G 66« mit Ronni und David Sporn, die heute im »Maccaronni« Spaghetti verkaufen. Ronni kam damals zu mir und wollte Schlagzeug-Unterricht haben. Als er mir sein Equipment zeigte, bin ich fast umgefallen. Der hatte ein echtes »Ludwig« mit Doppel-Base-Drum, ein Riesenteil. Das muß ein Vermögen gekostet haben. Ich habe ihm zwar einige Sachen am Schlagzeug gezeigt, aber dann hatte ich keine Lust mehr. Ronni war total untalentiert.

Inzwischen hatte ich mich als Drummer ganz schön nach vorne getrommelt. Nicht zuletzt, weil ich auch hinterm Schlagzeug singen konnte. Gitarrist Tony Hendrik hatte von der Auflösung der »Shooting Stars« gehört und holte mich zu seiner Band »Tony Hendrik Five« als Schlagzeuger. Die Band bestand schon seit langem, hatte gerade erst ihre LP »Night Flight« veröffentlicht. Innerhalb von wenigen Tagen mußte ich mir die gesamten Titel draufschaffen. Gleichzeitig sollte eine neue Single eingespielt werden. Die »Tony Hendrik Five« war damals immerhin bei der Electrola unter Vertrag. Ein tolles Gefühl, als ich in das damalige Studio 1 kam. In der Kantine saßen tatsächlich bekannte Leute wie Heino oder die Lords. Die A-Seite hatte die Electrola ausgesucht und wurde von Sänger Mark Walters gesungen. Titel: »There is a tavern in town.« Dabei wurde festgestellt, daß Mark zwar eine tolle Bühnenstimme hatte, aber im Studio eher kraftlos klang. Ich bekam die ehrenvolle Aufgabe, die B-Seite zu singen: »I've said my say«, was übersetzt wohl so viel heißt wie »Wer nitt kütt, hätt frei«. Tony Hendrik kam auf die glorreiche Idee, sein Gitarrensolo rückwärts aufs Band zu spielen. Peinlich war nur, daß die B-Seite mehr als die A-Seite über den Sender ging. Bei BFBS, dem englischen Soldatensender, lief »I've said my say« sogar mehrfach am Tag und wurde als ein

Autogrammkarte, obere Reihe v.l.n.r.: Tony Hendrik, Frieder Viehmann, T.E.; untere Reihe: Mark Walters, Gerry Fleming

ganz neuer deutscher Sound rausgestellt. Ein gutes Gefühl, als ich zum erstenmal meinen Gesang und Getrommel im Radio hörte. Ich dachte, jetzt hast du es geschafft. Jetzt hast du das erreicht, was du immer machen wolltest – Schallplatten. Dabei hatten die Electrola-Bosse bei diesem Titel vorher einen richtigen Aufstand gemacht, weil – wie bei den »Small Faces« – das Schlagzeug und die Hammond für sie zu sehr dominierten. Danach machten wir eine Tour durch Norddeutschland. Ob in Flensburg, Rendsburg oder Kiel, überall hingen unsere Plakate. Die Säle waren gut besucht. Zum erstenmal spielten wir nicht zum Tanz auf. Die Leute kamen, um uns zu hören. Traurig war nur, daß nach der Single und Tournee die »Tony Hendrik Five« auseinanderging. Tony Hendrik machte allein weiter und ist heute Schallplatten-Produzent und Musikverleger im Pop-Disco-Bereich, der unter anderem auch das Trio »Bad boys blue« zu Hitparaden-Erfolgen führte.

Mit Frieder Viehmann, der bei »Tony Hendrik Five« die »Vox«-Orgel gespielt hatte, und Gitarrist Dieter Dierks gründete ich dann eine neue Band: »Hush«. Eigentlich war diese Gruppe nur als Studio-Band geplant. Denn Dierks hatte bereits damit begonnen, auf dem Grundstück seiner Mutter, die in Stommeln ein Lebensmittelgeschäft besaß, aus einem stillgelegten Hühnerstall sein erstes Studio einzurichten. Der Regieraum war winzig, darin konnte man nicht mal aufrecht stehen, man mußte gebückt hineingehen und sich sofort setzen. Die Ausrüstung bestand aus zwei alten »M 10« von Telefunken. Damit hat er tatsächlich Schallplatten-Produktionen gemacht. Heute kaum noch vorstellbar. Dieter war überhaupt einer der ersten Freaks, die Mut hatten, ein Privatstudio zu betreiben. Wo der damals die Kohle her hatte, ist mir jetzt noch schleierhaft. Aber irgendwie lief das immer. Da wurden solche Gruppen produziert wie »Ihre Kinder«. Die machten Pop-Musik mit deutschen Texten. »Ihre Kinder« sehe ich nach wie vor als eigentliche Vorreiter deutschsprachiger Rock- und Popmusik an. Dieter machte aber auch die ersten Produktionen mit türkischen Musikern, die später in Heimatsendungen für ausländische Arbeiter im Fernsehen gesendet wurden.

Wir haben natürlich auch live gespielt. Zunächst mit Mark Walters, der auch von der »Tony Hendrik Five« mit übernommen wurde; später dann mit Rolf Steitz, der Jahre danach als Jay Bastos (»Loop-dee-love«) in den Charts landete. Die Live-Gigs waren ohnehin der Wahnsinn. Weil wir selten probten, wurde viel improvisiert. Blues in F, Blues in G und Blues in E. Ich werde nie vergessen, was Erry Stoklosa nach einem Auftritt auf einem Rheindampfer nach Zons zu mir sagte: »Ich kann überhaupt nicht verstehen, wie eine Band mit 20 Titeln im Repertoire vier Stunden lang spielen kann.« Er hatte nicht unrecht. Trotzdem hat es ihn nicht davon abgehalten, einen Titel, ich glaube es war Scott McKenzies »San Francisco«, mit uns zu singen. Und was ich später erst erfahren sollte: Erry war an diesem Abend gekommen, um einen neuen Drummer für seine Band, die »Stowaways« zu finden. Trotz des mageren Repertoires hatte »Hush« immer gut zu tun. Vielleicht lag es auch daran, daß jeder in der Band richtig Spaß hatte. Und das kam wohl rüber. Deshalb wurden wir auch in einem ehemaligen Kino in Kierdorf bei Liblar, das zu einem Konzertsaal umgebaut worden war, vier Wochen engagiert. Dort lösten wir die Gruppe »Jay Five« ab. Eine Band, die damals schon Leute wie Bill Ramsey begleitete und später mit den Kölner Musikern Rolf Lammers und Mike Gong die Who-Oper »Tommy« aufführte.

Mit »Hush« haben wir auch eine Platten-Produktion gemacht. Unsere erste Single war »Oh, darling« auf deutsch. Dieter hatte es geschafft, von den Beatles die Rechte zu bekommen. Wie, weiß ich bis heute nicht. Aber auf dem Platten-Lable stand unter Autoren tatsächlich »Lennon-McCartney-Dierks«. »Oh, darling« habe ich gesungen, die B-Seite »Schau mir in die Augen« mit Dieter im Duett. Später hat mich Dieter Dierks öfter noch als Drummer ins Studio geholt, u. a. für die »Bauer Plath«-LP mit Witthüser & Westrupp.

In dieser Zeit wurden wir auch vom Südwestfunk eingeladen,

Autogrammkarte, v.l.n.r.: Werner, Tommy, Quammy, Frieder und Dieter.
Der Zwischenraum hinter dem linken Kerzenständer bleibt leer, weil wir Mark
Walters nach seinem Austritt aus der Gruppe wegretuschiert haben...

um ein Hörspiel zu vertonen. Wir sind im dicksten Schnee im
VW nach Baden-Baden gefahren. Ich hatte gerade den Führerschein gemacht. Den Wagen, ein Käfer Standard – jupitergrau,
mit unsynchronisiertem Getriebe – hatte mir mein Vater gekauft. Für 800 Mark. Es war eine schlimme Tour. Die Heizung
war kaputt, ließ sich nicht abstellen und lief ständig auf vollen
Touren. Die Hitze war kaum auszuhalten. Mit qualmenden Sok-
ken kamen wir an. Werner, unser Bassist, saß die halbe Fahrt auf
dem Rücksitz. Vier Tage haben wir im großen Sendesaal gearbeitet und das Hörspiel mit experimenteller Musik vertont, das u. a.
von Volker Lechtenbrink gesprochen wurde. »Und da ist Gott,
der bekannte Reporter, der quer über Chicago Beweismaterial
filmt, fürs Jüngste Gericht.« Diesen Satz werde ich wohl nie vergessen.

Stowaways, obere Reihe v.l.n.r.: Harry Braschoß, Peter Schütten, Fred Hook, Erry Stoklosa
Untere Reihe, v.l.n.r.: Harmut Priess, T.E.

Dann gab's Bargeld. Ich sah den ersten Tausend-Mark-Schein in meinem Leben, den ich sehr gut gebrauchen konnte. Schließlich war ich bereits verheiratet und hatte ein Kind. Irgendwo verlief sich dann die Geschichte mit »Hush«. Dieter wollte sein Studio vergrößern, hatte kaum noch Zeit für Auftritte. Heute zählt er zu den bekanntesten Rock-Produzenten, verhalf den »Scorpions« aus Hannover zu Weltruhm. 1990 wurde er sogar von den Rolling Stones beauftragt, ihre Tournee für eine Live-LP und einen Film mitzuschneiden. Wat mer us enem Höhnerstall all maache kann.
Durch Erry kam ich dann zu den »Stowaways«. Wir kannten uns schon lange, u.a. aus dem »Poster« oder dem Kino »Scala« in Porz, wo in den 60er Jahren die »Saturday beat«-Festivals stattfanden. Erry spielte damals noch bei den »Beatstones«, ich bei »Guys and Doll«. Offenbar hatte mich Erry seinen Kollegen von den »Stowaways« empfohlen. Eines Abends stand ihr Manager

Bubi Lypold bei mir auf der Matte. Ich kannte die Band, wußte genau, daß die reichlich Jobs hatten und relativ gut verdienten. Aber mit der Musik der Band hatte ich meine Schwierigkeiten. Hatte ich zuvor in Gruppen gespielt, die keinen Wert auf mehrstimmigen Gesang legten, waren die »Stowaways« weniger an einem Drummer als an einer weiteren Stimme interessiert. Das erklärte auch, warum die Band zwei Leadsänger besaß – Peter Schütten und Erry Stoklosa. Ich hatte sogar das Gefühl, die Gruppe betrachtete das Instrument Schlagzeug mehr oder weniger als notwendiges Übel.

Ich sagte zu. Einerseits, weil ich bereits zweifacher Familienvater war und jede Mark brauchte. Andererseits konnte ich wieder live spielen. Zunächst »Ivy League«, »Walker Brothers«, »Beach Boys« und »Beatles«, später kamen dann »Guess Who« und »Deep Purple« dazu. Besiegelt wurde meine Aufnahme bei den »Stowaways« am Bonner Verteilerkreis, wo im Restaurant die gesamte Band zusammensaß: Hartmut Priess, Peter Schütten, Erry Stoklosa, Fred Hook und Harry Braschoß. Das war im Frühjahr 1970.

Monate später, im Herbst, gingen wir dann ins Studio und nahmen den »Rievkooche Walzer« auf. Für mich war das nur ein Spaß. Walzer war alles andere als meine Musik, aber die Band spielte zum Geldverdienen auch auf Karnevalsbällen, da wurde so etwas verlangt. Ich könnte jetzt noch brüllen, wenn ich an den Blauen-Funken-Ball im Gürzenich denke. Da wechselten wir uns im Keller tatsächlich mit »Can« ab. Die standen unter der Treppe in einer Haschisch-Wolke, spielten ihren experimentellen Kram und hatten mit den Zuhörern zu kämpfen, die sich eher im feuchtfröhlichen Alkohol-Nebel verlaufen hatten.

Auf den Namen »Bläck Fööss« kamen wir erst im Studio, während ein Orchester den »Rievkooche Walzer« einspielte. Den guten Namen »Stowaways« wollten wir nicht »mißbrauchen«. Mit dem wollten wir ja noch eine große Karriere machen. Außerdem klang der Name nicht gerade kölsch. Im Studio-Vorraum wurde überlegt. Wir suchten nach einem Wort, das sowohl eng-

Die erste Fööss-Platte

lisch, als auch kölsch klingen sollte. Und da zwei meiner früheren Bands mit dem Namen »Black« anfingen, setzten wir einfach zwei Strichelchen auf das »a«. Schon wurde aus dem englischen »schwarz« das kölsche »nackt« bzw. »bläck«. Und von »Bläck« war der Weg zu den »Fööss« nicht mehr weit. Außerdem sollte damit zum Ausdruck kommen, daß man mit nackten Füßen besseren Bodenkontakt hat und mit beiden Beinen auf der Erde bleiben wollte.

73

Jung, wievill Köh häste dann?

Meine Familie

Durch die Musik lernte ich auch Irmgard kennen. Ich war gerade 16 Jahre alt, spielte damals bei den »Black Beats«. Irmgard war mir schon immer aufgefallen, zum erstenmal bei einem Auftritt im »Steinbrücker Hof«, wo sie mit Freundinnen am rechten Tisch neben der Bühne saß. Sie machte auf mich einen ruhigen, ausgeglichenen und nachdenklichen Eindruck. Genau das Gegenteil von mir. Bei einer Band-Party in Bleifeld im Bergischen Land faßte ich Mut, sprach sie an und tanzte mit ihr. Eine ganz schöne Überwindung, aber wir verstanden uns sofort. Es hatte bei mir gefunkt. Von nun an traf ich mich mit Irmgard fast jeden Tag. Ich besaß damals keine müde Mark, fuhr meist schwarz mit der damaligen Linie B nach Bensberg, um sie von der Arbeit abzuholen. Irmgard war zu dieser Zeit in einem Textilgeschäft an der Kölner Straße beschäftigt. Traumhaft, denn fast täglich saß ich abseits vom Laden im Rinnstein, wartete auf sie und hatte fast 200 Pulsschlag, wenn sie kurz nach halb sieben aus dem Geschäft kam.

Anfangs lebte Irmgard noch bei den Eltern, später mietete sie in Bensberg ein kleines Mansardenzimmer, in das gerade ein Bett und ein Schrank paßten. Wenn Irmgard mich mit nach oben nahm, mußte ich die Schuhe ausziehen und auf Zehenspitzen nach oben schleichen, denn Herrenbesuch hatten die Hausbesitzer, zwei ältere Damen, strengstens untersagt. Morgens das gleiche Spiel. Da mußte ich mich in aller Frühe heimlich aus dem Haus schleichen. Einmal war ich morgens noch so müde, daß ich im Bett liegenblieb und weiterschlief. Wir hatten ausgemacht, daß ich bis zu ihrer Mittagspause im Zimmer auf sie warten sollte. Leicht gesagt. Zwei Stunden später war's mit der Ruhe vorbei. Zunächst klopfte es mehrfach an der Tür. Dann ertönten zwei weibliche Stimmen, die lautstark »Fräulein Irmgard, Fräulein Irmgard« riefen. Neugierig hatten die beiden Damen durchs Schlüsselloch geguckt und vermutet, ihrer Mieterin sei etwas zugestoßen, weil im Zimmer noch Licht brannte und niemand antwortete. Das Licht war aber nichts anderes als ein gelbes Tuch, das wir wegen der neugierigen Blicke vors Schlüsselloch gehängt hatten. Ich schwitzte Blut und Wasser. Als ich auch noch hörte, daß die beiden Frauen einen Schlosser rufen wollten, der die Türe öffnen sollte, versteckte ich mich unterm Bett. Zum Glück kam es nicht dazu, ich blieb unentdeckt. Die Damen hatten nämlich im Textilgeschäft angerufen und nach Irmgard verlangt. Sie wunderten sich natürlich, als sie tatsächlich ans Telefon kam. Die Ausrede, sie habe aus Versehen eine Freundin, die bei ihr übernachtet hätte, im Zimmer eingeschlossen, haben die beiden betagten Schwestern natürlich nicht geglaubt. Konsequenz: Die heimlichen Besuche wurden von nun an regelrechte Abenteuer. Manchmal mußte ich sogar von einer angrenzenden Garage aus aufs Dach klettern und durchs Mansardenfenster einsteigen. Zum Glück war das für einen ehemaligen Schornsteinfeger keine große Aktion.

Zu Hause stellte sich ein anderes Problem. Da mußte ich mir Ausreden einfallen lassen, wenn ich nachts nicht heimkam. Denn für meine Mutter war ich immer noch dä kleine Jung. Als Ausrede mußte meist mein Freund Charlie Schade herhalten, mit dem ich zu der Zeit bei den »Black Beats« spielte. Nebenbei jobbten wir beide regelmäßig bei Freund Pilli an einer Bensberger Tankstelle. Charlie wohnte direkt über der Tankstelle, und ich brauchte nur 300 Meter die Kölner Straße hinunterzulaufen, um Charlie allmorgendlich zu wecken. Das war die Härte. Jedesmal holte ich vor seiner Zimmertüre tief Luft, nahm eine weitere Nase Sauerstoff auf, hielt den Atem an, riß die Türe auf, sprintete zu seinem Bett, rüttelte ihn wach, brüllte lautstark »Charlie aufstehen« und stürzte wieder hinaus. Wenn es mir nicht gelang, ihn beim erstenmal zu wecken, mußte ich zwischendurch wieder einatmen. Dann standen mir die Tränen in den Augen – Charlie hatte ungeheure Schweißfüße. Ein Geruch, der nur noch übertroffen wurde, wenn mein Vater früher mit seinem Freund Karl Saltin in unserer Küche die Käseglocke lüftete und seinen sechs Wochen alten, leicht madigen »Mainzer« auspackte.

Ein paar Monate jobbte ich also an der Tankstelle, zapfte Benzin, wusch Autos und putzte Windschutzscheiben. Aber die Hauptsache war die Musik. Eigentlich ein schönes Leben. Das sollte sich auch nicht ändern, als mir Irmgard sagte: »Ich bekomme ein Kind!« Trotz meines Alters bin ich nicht in Panik verfallen. Das war für mich die natürlichste Sache der Welt. Irmgard war meine Frau. Wir wollten ohnehin heiraten, warum also nicht mit einem Kind. Meiner Mutter habe ich zunächst nichts erzählt. Die hatte ohnehin schon sonderbar reagiert, als ich Irmgard zum erstenmal mit nach Hause gebracht hatte. Denn nun war klar, daß auch das letzte ihrer zehn Pänz bald das Haus verlassen würde. Irmgard durfte zwar bei uns übernachten, aber nur auf der Wohnzimmercouch. Ich schlief im Schlafzimmer bei meiner Mutter. Das Verhältnis änderte sich aber schlagartig, als Irmgards Schwangerschaft sichtbar wurde. Obwohl meine Mutter eigentlich nur zum 25. Male Oma wurde, war das etwas Besonderes. Denn ich war ja immerhin der Jüngste.

Mein Vater, der sich damals schon von meiner Mutter getrennt hatte, hatte das Ganze schon vorher lockerer gesehen. Er unterstützte mich sofort, als er von der Schwangerschaft hörte. Ich war erst 18 und nach dem damaligen Gesetz noch nicht volljährig. Er schleppte mich von einem Amt zum anderen. Im Don-Bosco-Heim in der Großen Telegrafenstraße mußte ich mich einer Reifeprüfung durch einen katholischen Geistlichen unterziehen. Dann ging es zum Jugendamt am Ebertplatz über dem »Café Füllenbach«. Vater ließ sich erst gar nicht auf große Diskussionen und Schriftwechsel ein. Wenn ein Beamter mal meinte, »das schicken wir Ihnen schriftlich zu«, konterte mein Vater: »Dat Jeld för et Porto künnt ihr üch spare, dat fülle mer jetzt direk uss und nemme et direk met.« Im Handumdrehen hatte ich die Volljährigkeitsbescheinigung in der Tasche. Und das lag wohl nicht zuletzt an der Energie und am Bekanntheitsgrad meines Vaters. Sonst hatte er nie seine Popularität raushängen lassen. Aber diesmal mußte es schnell gehen. Schließlich wollten wir vor der Geburt des Kindes noch heiraten. Locker reagierte auch Irmgards Vater. Ihre Eltern lebten in einem kleinen Haus in Schmitzhöhe (Bergisches Land). Als wir von unserem Nachwuchs erzählten, wollte ihr Vater nur scherzhaft wissen: »Jung, wievill Köh häste dann?«

Unsere erste Wohnung in Porz-Grengel war gerade 33 Quadratmeter groß. Am 28. Februar 1969 kam dann unser Sohn René zur Welt. Am 2. April 1969 wurde im Ehrenfelder Rathaus geheiratet. 14 Monate später wurde Ilja, ein Jahr danach Kai geboren. Wenn ich heute darüber nachdenke, welche Verantwortung wir auf uns nahmen, komme ich ins Grübeln. Da hatten Kinder Kinder. Mit den 600 Mark, die ich als Elektromonteur verdiente, waren keine großen Sprünge zu machen. Deshalb waren wir schon auf die Kohle angewiesen, die ich damals mit der Band oder als Studio-Musiker bei Dieter Dierks nebenher verdiente. Ein paar Mark, nicht mehr.

Bis heute ist mir schleierhaft, wie das alles funktioniert hat – zwei Erwachsene und drei Kinder auf 33 Quadratmetern. Irmgard und ich schliefen auf einer Ausziehcouch, René und Ilja in einem Kinderbettchen im Wohnzimmer. Kai lag in der Küche im Kinderwagen. Immer gut zugedeckt, denn in der Küche gab's keine Heizung. Aber durch seine rote Nase sah der Kleine immer kerngesund aus! Ganz eng wurde es allerdings, wenn wir auf die Idee kamen, in unserem bescheidenen Anbau auch noch mit zwanzig Personen eine Party zu feiern. Nach drei Jahren bekamen wir endlich eine größere Wohnung in Porz-Grengel. Die neue Wohnung mit 68 Quadratmetern war für uns ein Palast. Endlich konnten wir uns ein paar Möbel anschaffen. Denn außer einem alten Schrank, einer alten Musiktruhe, einem Klappbett und einem selbstgebauten Regal besaßen wir nichts. Auch finanziell lief es von nun an besser. Mit den »Stowaways« bzw. »Sandwich« hatten wir gut zu tun. Die Gagen konnten sich sehen lassen, besonders bei Fernseh- und Rundfunkgigs. Und nebenbei existierten ja schon die Bläck Fööss. Zunächst nur in der Karnevalszeit. Aber die 10 Mark, die wir pro Kopf und Auftritt kassierten, waren ein schöner Nebenverdienst. Die 10 Mark-Scheine wurden im Küchenschrank neben Tellern und Tassen gestapelt.

Ein »normales« Familienleben haben wir eigentlich nie geführt. Morgens um sieben Uhr fing ich meine Arbeit als Aushilfselektriker bei der SAG und später beim E-Werk an. Nachmittags kam ich heim, zog mich um und verschwand zu einem Job im Studio oder mit der Band. Ich wollte Musik machen. Das war wie eine Sucht. Klar, daß Irmgard häufig motzte. Sie hatte immer von einem geregelten Leben, einem Ehemann geträumt, der abends nach Hause kam und für die Familie da war. Nur, das war ich nicht. Zwei Jahre später, im Sommer 1974, kehrte ich nach Sülz zurück. Der Anlaß für die Rückkehr in mein Veedel war sehr traurig. Denn Monate nach dem Tod meiner Mutter war auch mein Vater gestorben. Denk' ich heute an meine Eltern, glaube ich, daß sie sich trotz der Trennung immer noch sehr gerne hatten und sich noch sehr nahe standen.

Jetzt zog ich in die elterliche Wohnung. Immer hatte ich davon geträumt, nach Sülz zurückzukehren. Die Pänz hatten jetzt ein riesiges Kinderzimmer mit Blick auf die Lotharstraße. Sonntags gab's vor unserem Haus auch schon mal einen Publikumsauflauf. Mit großer Begeisterung äfften René, Ilja und Kai die morgendlichen Kirchgänger nach, die auf dem Weg zur Messe in St. Nikolaus eine regelrechte Modenschau abzogen. Die Kinder suchten sich also Kleider, Jacken und Hüte aus dem Schrank, stopften sich mit Sofa-Kissen dicke Bäuche aus, schminkten sich und mimten am Fenster die frommen Kirchgänger. Vielleicht war das eine Art später Rache der Familie Engel, auf die zu meiner Kinderzeit häufig herabgeschaut wurde. Viele Kirchgänger rümpften damals die Nase, wenn sie uns sahen. Eine Familie mit zehn Pänz war einfach asozial. Merkwürdig war nur, daß mit steigender Popularität der Bläck Fööss selbst die konservativsten Kirchgänger über unsere Kinder plötzlich lachen konnten.

In unserem Wohnmobil, Tommy, Ilja, Irmgard, Kai, René

Plötzlich war es auch egal, ob wir sonntags mit Jeans und T-Shirts rumliefen. Denn jetzt waren wir ja »Künstler«.
Mit der Rückkehr nach Sülz war die Welt für mich wieder in Ordnung. Endlich wieder in meiner vertrauten Umgebung. Unsere Wohnung in der Lotharstraße war ein richtiger Treffpunkt für die gesamte Familie Engel – wie schon zu Mutters Zeiten – und für Freunde und Bekannte. Regelmäßiger Gast war Hans Süper, der zur damaligen Zeit noch für eine Filmentwicklungsfirma als Fahrer tätig war. Nach ihm konnte man die Uhr stellen. Pünktlich um 12.58 Uhr stand Hans im Türrahmen. Er wußte, daß wir länger schliefen und gerade das letzte Drittel unseres Frühstücks eingeläutet hatten. Kurz zuvor kam meist Irmgards Freundin Elke Best, eine ehemalige Schlagersängerin, vorbei. Sie war auch immer pünktlich, klingelte stets um 12.45 Uhr. Lustig wurde es immer, wenn Hans Süper bei Elke eine Zigarette

schnorrte. Da das jeden Mittag passierte, wurde Elke auch schon mal direkt: »Kauf dir selber welche.« Nach solch einem Anschiß ließ sich Hans manchmal tagelang nicht blicken. Dann fehlte uns etwas, und wir freuten uns, wenn er wieder auf der Matte stand – pünktlich um 12.58 Uhr. Um dem Streit zwischen Elke und Hans ein Ende zu bereiten, deponierten wir eine Schachtel »HB« in der ersten Küchenschublade. Irgendwann erzählte er mir dann von einem Herrn Zimmermann, der mit ihm zusammen Musik machen wollte. »Der hat ein paar nette Texte geschrieben. Komm' doch heute abend bei mir vorbei, der will mir seine Lieder vorspielen.« Abends saßen wir dann bei Hans im Wohnzimmer zusammen. Die beiden kamen direkt gut klar. Das war die Geburtsstunde des »Colonia-Duetts«.

Auf der Gästeliste stand des öfteren auch Jürgen Zeltinger. Jürgen kam meist unangemeldet zum Frühstück. Er blieb auch schon mal bis zum Abendessen. Und wenn es keinen Nachtisch gab, rief er nach René, unserem Ältesten, zückte einen Zehn-Mark-Schein und meinte: »René, hier haste zehn Mark, jeh' en bißjen Eisjen holen. Nimm e Töpfjen mit.« Wenn wir nachts gegen 3 Uhr nach einem Zug durch die Gemeinde wieder in die Lotharstraße einfielen, schwenkte Jürgen sofort in die Küche ab und guckte in die Töpfe. Einmal stand ein ganzer Schweinebraten für den nächsten Tag auf dem Herd. »Och, wat es dat dann? Dat sieht aber jut aus.« Und schon schlug der Schweinebraten den Weg in Jürgens großen Magen ein. Kaum war der Braten verdrückt, griff er zu seinem Autogramm-Filzstift, den ein richtiger Rockstar immer bei sich führt, und schrieb auf die Küchenrolle: »Liebe Irmgard, dein Schweinebraten hat vorzüglich geschmeckt. Danke. Jürgen.« Manchmal brachte Jürgen nach einer durchzechten Nacht auch noch seinen Busen- und Thekenfreund Heiner Lauterbach mit, heute ein bekannter Schauspieler. Dann warfen wir z. B. unser Wohnmobil an und fuhren ins »Grüne«, in die Wahner Heide – zwischen Einflugschneise und Truppenübungsplatz. Dort wurde dann gefrühstückt.

Hans Süper
mit Hans
Zimmermann
(»Du Ei«) –
das Colonia-
Duett in den
Anfängen

Hans Süper
mit Irmgard
und René bei
uns zu Hause,
1975

»Männer nehmen in den Arm«

Durch den ständig wachsenden Erfolg konnte ich auch den Job beim E-Werk aufgeben. Endlich konnte ich nur noch Musik machen. Ohne es zu wollen, führte ich auf einmal zwei Ehen – die eine mit Irmgard, die andere mit den Fööss. Es kam, was kommen mußte: Das Verhältnis zu Irmgard kühlte mehr und mehr ab. 1980 kauften wir dann ein Haus in Steinenbrück. Zwar gab Irmgard als Grund für den Ortswechsel die frische Luft an, die für Kais Asthma und Bronchitis gut sei, aber in Wahrheit steckte mehr dahinter. Vielleicht wäre es schon damals besser gewesen, sich zu trennen. Aber ich war nie ein Typ der schnellen Entscheidungen, außerdem hätte ich das damals auch nicht geschafft. Der Karren war festgefahren. Irmgard versuchte sich von mir zu lösen, zog später sogar vorübergehend aus. Eine schlimme Zeit. Ich konnte einfach nicht begreifen, daß es zu Ende war.

Irmgard war mit René nach Bensberg gezogen. Ich wohnte mit Ilja und Kai weiterhin in Steinenbrück. Eigentlich hätte ich bei der Produktion der LP »Schöne Bescherung« 15 Hände haben müssen. Morgens fuhr ich in die EMI-Studios, zwischendurch wurden Einkäufe erledigt, und abends mußte ich daheim sein, um für die Pänz zu kochen. Natürlich hat Irmgard die Kinder nicht im Stich gelassen. Als sich nach Monaten alles ganz gut eingespielt hatte, kehrte Irmgard wieder zurück. Erst habe ich mich darüber wahnsinnig gefreut. Doch dann begriff ich, daß es keinen Zweck hatte, einer Illusion nachzulaufen. Zwei Monate später zog ich aus, und wohne nun seit April 1989 im Vringsveedel. Nicht allein, mit Marlene, die ich vor Jahren in Sülz kennengelernt habe.

Ich glaube, René, Ilja und Kai ist diese Familie Engel ganz gut bekommen. Vielleicht sind sie wegen der Schwierigkeiten, der Trennungen auch selbständiger, machen sich morgens alleine Frühstück oder bügeln sich ihre Klamotten selbst. René hat eine Lehre als Leuchtröhren-Glasbläser gemacht und absolviert momentan seinen Zivildienst, Ilja hat Installateur gelernt und studiert nebenbei noch an der Rheinischen Musikschule Schlagzeug. Und Kai besucht seit ein paar Jahren die Privat-Klavierschule von Joko Jaenisch, der bis 1979 bei den Fööss die Keyboards spielte.

Zur Musik kamen die Drei von ganz allein. Schon in Sülz fingen sie an, auf meiner alten Mandoline herumzuklimpern und sich gegenseitig auf Kochtöpfen zu begleiten. Auch Songs der Beatles hatten sie schon damals drauf. Im ersten Bläck-Fööss-Porträt, das der WDR Ende der 70er Jahre ausstrahlte, sitze ich mit René, Ilja und Kai auf dem Bett und singe mit ihnen mehrstimmig »You won't see me«. Ich fand es immer wichtig, die Kinder spielerisch an Instrumente heranzuführen. Ernsthaft wurde die Sache erst in Steinenbrück. Jeder hatte sein eigenes Zimmer, jeder konnte üben. René schnappte sich eine Gitarre, Ilja mein Schlagzeug, und Kai klimperte auf einem alten Klavier rum. Völlig überrascht war ich, als sie mir eines Tages eine Kassette mit zwei

Ilja, Kai und hinten René

Eigenkompositionen vorspielten, die sie auf einem kleinen Recorder mitgeschnitten hatten. Einfache Texte, in denen aber deutlich wurde, daß sie sich mit ihrer Umwelt auseinandersetzten. Das Lied vom »ärme Pitter«, der so allein ist, weil ihn niemand mag. Oder der Titel von der »Kugel«, die sich dreht und alle Menschen auf dem Kopf stehen läßt. Leider ist das Band nie wieder aufgetaucht.

Heute spielen Ilja und Kai in der bergischen Band »Purple rose«, machen poppige Rockmusik mit deutschen Texten. René experimentiert lieber mit einer Mönchengladbacher Gruppe. Die Musik seiner Gruppe zu bezeichnen, macht René nach eigenen Aussagen selbst Schwierigkeiten. Ich bin davon überzeugt, daß alle ihren musikalischen Weg gehen werden. Ich denke heute oft mit Wehmut an die Zeit als junger Vater zurück. Klar, ich hatte als

Dä ärme Pitter

Vers: Ich ben dä Pitter un ben janz allein
Fründe jo die han ich kein'
Mich mach keiner us d'r Stroß
Doröm es met mir och janix loss

Refr.: Jo, jo, jo woröm mach mich keiner
Ich ben jo 'su allein
Ich han doch nix jemat
Dröm ben ich 'su allein

Vers: Ich han keine Vatter, nur en Mam
Doch die wunnt en Amsterdam
Ich han noch nit ens 'ne Jewenn
Weil ich jo 'su ärm dran ben.

Refr.: Jo, jo, jo woröm…

Text: René Engel (6 Jahre)
Musik: Ilja u. Kai Engel (5 und 4 Jahre)

18jähriger andere Vorstellungen vom Leben. Bis mittags pennen und abends Musik machen, das war plötzlich vorbei. Ich hatte eine Familie und mußte sehen, daß Geld reinkommt. Das war schon hart. Irmgard und ich sind da hineingeschlittert. Trotzdem: Wenn ich heute sehe, wie manche Leute ihr Leben planen, wird mir übel. Wenn ich aber dann auch noch den Spruch höre »Jetzt können wir uns ein Kind leisten«, bekomme ich eine Gänsehaut. Es mag ja sein, daß planen sinnvoll ist, aber nicht in dieser Beziehung, damit kann ich nichts anfangen. Gibt es etwas Schöneres, als in frischen Schnee zu treten und einen eigenen Weg zu suchen? Das macht im Prinzip jeder gerne. Aber es ist einfacher, auf festgetrampelten Pfaden zu laufen. Außerdem schneit es ja nur noch selten.

Bei allen Problemen habe ich mich damals wohlgefühlt, obwohl ich überhaupt nicht wußte, was mit mir selbst abläuft. Ich war auf ein Gleis gesetzt worden und wußte nicht einmal, wohin die Fahrt ging. Weder familiär, noch musikalisch. Aber von der Musik hätten mich weder Irmgard noch die Kinder abbringen können. Oft bin ich mit Irmgard deshalb aneinandergeraten. Während andere Familienväter abends daheim saßen, war ich unterwegs. Nicht immer, aber oft genug. Und an Urlaub war anfangs auch nicht zu denken. Dafür war kein Geld da. Erst sehr viel später, als wir einen finanziellen Rückhalt hatten, konnten wir mit den Kindern im eigenen Wohnmobil reisen. Vielleicht hätte das früher laufen müssen.

Vater und Söhne obere Reihe: Kai, T. E.   Untere Reihe: Ilja, René

Guten Morgen, Herr Engel.
Ausgeschlafen, Herr Engel?

Die Jobs

Meine Zeit als Schornsteinfeger dauerte nicht länger als anderthalb Jahre. Danach ging ich zur Rheinischen Musikschule. Doch
meinem Traum, von nun an nur noch Musik machen zu können,
bereitete mein Vater ein schnelles Ende. »Du mußt irgendwas
machen«, erklärte er mir. »Ich habe einen schönen Job für dich,
da sind wir dann auch immer zusammen.« Was er damit meinte,
erfuhr ich am nächsten Tag. Wieder war die Nacht um 6 Uhr zu
Ende. Zusammen fuhren wir nach Braunsfeld in die Stolberger

87

Straße. Als wir gegen 7 Uhr die Firma »Bruckmann« betraten, hätte ich mich am liebsten sofort wieder auf dem Absatz umgedreht. Mir schlug der Geruch der »Bruckmannschen« Kollektion entgegen. Hering in allen Variationen: Heringsdip, Heringssalat, Hering in Dillsauce, Hering in Tomatensauce und jede Menge Rollmöpse – natur und gebraten. Die übrigen Artikel rundeten das Geruchsbild ab: Kartoffel-, Fleisch-, Waldorf-, Hühner- und Puszta-Salat. Und wohin das Auge reichte – Mayonnaise. Zum Glück mußte ich nicht in der Produktionshalle arbeiten. Ich konnte bei meinem Vater im Lager wirken, der als Lagermeister dort seine kleine Rente etwas auffrischte. Nach ein paar Wochen hat uns die Arbeit im wörtlichen Sinne gestunken. Wir kündigten – fristlos.

Ein neuer Job war nicht in Sicht. Was mich nicht sonderlich störte. Ich konnte mich ganz auf die Musik konzentrieren, das hieß lange schlafen und bis in die Nacht im »Star-Club«, »Storyville« oder in der »Cascade« am Zülpicher Platz spielen. 1966 zog es mich musikalisch ins Bergische Land. Wenig später lernte ich Irmgard kennen. Und da mit den Bands, wie immer, kaum etwas zu verdienen war, mußte ein neuer Job her. Ich wurde Tankwart in Bensberg, zusammen mit meinem Musikerfreund Charlie Schade. Ein relativ bequemer Job. Denn der Tankstellenbesitzer war ein dicker Freund meiner damaligen Band, den »Black Beats«. Er hatte immer Verständnis, wenn wir nach einem langen Auftritt morgens mal verschliefen. Außerdem lernte ich noch einiges Technische dazu, weil zur Tankstelle auch eine kleine Reparaturwerkstatt gehörte. Trotzdem: Tankwart war auch nicht gerade das Gelbe vom Ei. Mit den Einkünften, fünf Mark die Stunde, konnte man sich gerade über Wasser halten.

Dann wurde es enger. Irmgard erwartete ihr erstes Kind. Wir hatten eine Wohnung in Porz gefunden. An jedem Ersten des Monats war 140 Mark Miete fällig. Lange habe ich nicht überlegt. Ich kannte noch Herbert Dietzen, einen Sülzer Fahrlehrer, der nebenbei in einer Kölner Band Saxophon spielte. Ich gab ihm mein ausrangiertes »Shure«-Mikrofon im Tausch für den Führerschein. Kaum hatte ich die Prüfung bestanden, ging ich auf die Suche nach einem Job als Fahrer. Martin Heinz, der gebrauchte Singles mit Originalhüllen aufkaufte, säuberte und in Kaufhäusern als Second-hand-Ware zu Billigpreisen weiterveräußerte, fragte auch nicht lange nach meinen Fahrkünsten und stellte mich ein. Mit den Schallplatten kurvte ich in ganz Deutschland rum oder mußte den Privatchauffeur für Heinz mimen. Wenn mal Not am Mann war, durfte ich auch im Bonner Kaufhof die gebrauchten Scheiben selbst verhökern. Irgendwann lief das Geschäft dann nicht mehr. Ich war wieder auf Jobsuche.

Mein früherer Spielgefährte Heinz Stüber, der mit seinen Eltern in der gegenüberliegenden Parterrewohnung an der Lotharstraße wohnte, wollte seine Beschäftigung bei »Caesar-Kaffee« aufgeben. Die Firma suchte dringend einen neuen Fahrer, und schon fuhr ich Kaffee. Und da ich viele Kunden hatte, mußte ich zügig fahren. Manchmal wahrscheinlich zu zügig. Dann rief auch schon mal ein Kunde an und fragte in der Firma: »Seit wann haben Sie VW-Busse, die auf zwei Rädern fahren können?« Einmal baute ich ausgerechnet vor der Firma einen Crash. Ein freundlicher Autofahrer hatte mich rausgewunken. Beim Einbiegen in die Bonner Straße passierte es: Ein ganz Eiliger hatte links überholt und raste mir mit Volldampf in die Breitseite. Beide Seitentüren des Busses sprangen auf, eine regelrechte Kaffeelawine breitete sich auf der Fahrbahn aus. Peinlich, denn die ganze »Caesar«-Kaffee-Familie hing an den Fenstern. Wenig später war auch dieses Arbeitsverhältnis beendet.

Erst drei Monate später fand ich einen neuen Job, bei dem dann aber auch mehr zu verdienen war. Die Arbeit war allerdings bedeutend härter. Ich stieg bei der SAG (Starkstrom-Anlagen-Gemeinschaft) als Elektromonteur ein. Anfangs hatte ich wirklich null Ahnung. Deshalb bestand meine Arbeit beim damaligen Neubau des Kölner Aquariums auch nur darin, Löcher zu stemmen und Löcher zu bohren. Weil die Arbeit etwas eintönig war, brachte einer der Heizungsmonteure auch schon mal einen Super-8-Projektor mit und führte in der Mittagspause Pornofilme vor. Teilweise ging es wie in einem Affenhaus zu, was nicht zuletzt an unserem Vorarbeiter lag, der diverse Handfeuerwaffen besaß und damit auf der Baustelle rumschoß. Gott sei Dank nicht auf bewegliche Ziele. Einziger Lichtblick: Mein Freund Bela Pursch fing auch bei der SAG an und wurde zum Aquarium abkommandiert. Ich lag nicht mehr allein im Dreck. Manchmal standen Bela und ich den ganzen Tag auf einem Gerüstwagen und bohrten mit einer Hilti-Maschine sogenannte Kronendübel in den Stahlbeton. Der spätere Muskelkater war grauenhaft. Außerdem haben wir nur Staub gefressen. Ab und zu schaute auch mein Vater mal vorbei, um zu sehen, »wat d'r Jung su mäht«. Ende 1970 hatte ich die Schnauze voll.

Inzwischen war ich Mitglied der »Stowaways« geworden. Eines Abends saß ich mit Erry Stoklosa im Porzer »Poster«. Ich hatte ihm von dem harten Job bei der SAG erzählt, und er half sofort. Er selbst arbeitete damals im Porzer Büro der GEW (Gas-Elektrizitäts- und Wasserwerke) an der Bahnhofstraße. Ein paar Tage später unterschrieb ich dort bereits den Arbeitsvertrag als Hilfsmonteur. Anfangs bestand meine Aufgabe darin, alte, sogenannte Sekundär-Stromleitungen zu entfernen und neue Hausanschlußkästen zu montieren. Wieder wurde gestemmt und gebohrt. Später wurde ich angelernt, eigenständig Stromzähler in Neubauten zu montieren. Angenehm wurde die Arbeit aber erst, als ich zum Tarifberater mit Firmenwagen aufstieg. Da fuhr ich tagsüber durch Porz und beriet Familien, die gerade eine neue Wohnung bezogen hatten, über den günstigsten Stromtarif. Daß ich mich nicht überarbeitete, lag nicht zuletzt an Erry. Oft gab er mir Arbeit mit, die bereits erledigt war. Das größte Problem war wie immer das frühe Aufstehen, besonders wenn wir in der Karnevalszeit keine Nacht vor 3 Uhr ins Bett kamen. Erry war immer pünktlich. Ich erschien meist erst gegen 7.15 Uhr morgens. Denn mittlerweile war die GEW-Außenstelle nach Porz-Urbach in einen Neubau umgezogen. Zu meinem Leidwesen ein Großraumbüro. Wenn ich mal wieder zu spät kam, spielte sich jedesmal die gleiche Prozedur ab. Eine Art Psycho-Spießrutenlauf. Aus jedem Glaskäfig erklangen dann die Sprüche: »Guten Morgen, Herr Engel!« »Schon da, Herr Engel?« »Ausgeschlafen, Herr Engel?« oder »Schön, daß Sie auch noch kommen, Herr Engel.« Trotzdem hinderte das Renate, die Sekretärin vom Chef, nicht daran, mir nach meinem Erscheinen auch noch eine Tasse Kaffee zu servieren. Ich glaube, meine Kollegen waren damals ganz schön sauer auf mich. Besonders, weil mein Chef sogar noch so was wie Verständnis für mich hatte. Es half nichts, er mußte handeln. Ich wurde zur Hauptstelle in die Rosenstraße im Severinsviertel versetzt. Ein noch schönerer Job. Ich mußte erst um 8 Uhr anfangen, außerdem saß ich jetzt ganz allein in einem kleinen Büro und durfte den Stromverbrauch von Kölner Ampelanlagen ausrechnen. Und mittags saß ich mit der Chefetage auch noch zusammen in der Kantine. Das lag aber nur daran, daß die Bläck Fööss inzwischen schon eine gewisse Popularität erreicht hatten. Ich war für sie wohl eine Art Brauchtumspfleger, und der mußte selbst gepflegt werden. Trotz des guten Arbeitsklimas beschloß ich dann aber im Sommer 1974, den GEW-Job endgültig aufzugeben. Zwar war die Kündigung ein gewisses Risiko, denn es wußte ja niemand, wie sich das mit den Bläck Fööss entwickeln sollte. Aber dieses Risiko mußte ich eingehen. Erstmalig verdiente ich mit der Musik zumindest soviel Geld, daß ich die Familie durchziehen konnte.

Die han jo Schoh ahn

Bläck Fööss

Die »Stowaways« suchten also einen Trommler, der am besten auch noch singen konnte. Ich nehme an, Erry hat mich damals vorgeschlagen. Der kannte mich und sollte auch später bei den Bläck Fööss die Rolle des »Personalchefs« übernehmen. Damals spielten die »Stowaways«, genauso wie andere Kölner Bands, die Hitparade rauf und runter. Sie waren, wie sie sich selbst bezeichneten, lebende Musikboxen. Neben den eigenen Auftritten begleitete die Band regelmäßig Graham Bonney (»Hey, Supergirl«) auf Deutschland-Tourneen oder stand mit Schlagerstars wie Howard Carpendale, Adam & Eve, Marion, Jürgen Drews, Joy Flemming oder Peter Maffay auf der Bühne bzw. vor den Fernsehkameras. Vor allem in »Betty's Beatbox House«, eine Schlagersendung für Kinder, die die ARD insgesamt 13mal ausstrahlte.

Im Frühjahr 1970 trafen wir uns also am Bonner Verteilerkreis. Eigentlich war mir von vornherein klar, daß mich etwas total anderes erwartete, als das, was ich vorher musikalisch gemacht hatte. Sie legten großen Wert auf Songs mit mehrstimmigem Gesang, während ich mich bis dato mit Kinks, Beatles, Rhythm & Blues- und Soulstücken rumgeschlagen hatte. Aber darüber machte ich mir weniger Kopfschmerzen. Ich dachte an meine Familie, ich konnte das Geld gut gebrauchen, die Band hatte zu diesem Zeitpunkt gut zu tun. Außerdem fand ich die Jungs auch nicht unsympathisch. Mit Erry kam ich aber am besten klar. Der war einer wie ich, der kam von der Straße. Auch mit Keyboarder Fred Hook kam ich gut aus. Fred ist später leider ausgestiegen und leitet heute einen bekannten Musikverlag. Sein Nachfolger wurde Joko Jänisch. Dagegen war Hartmut Priess für mich immer ein Buch mit sieben Siegeln. Er ließ keinen an sich ran. Hartmut war für mich immer ein Typ, der zwar alles mitmacht, der aber genausogut hätte Rechtsanwalt werden können. Ich finde, zum Musikmachen braucht man den Blues, muß Dinge machen können, die aus der Seele kommen und nicht vom Kopf bestimmt werden. Das hab' ich immer bei Erry gespürt, der hat viele Dinge einfach aus dem Bauch für sich entschieden. Vielleicht sind die heutigen Konflikte innerhalb der Bläck Fööss nichts anderes als die Konflikte zwischen Kopf und Bauch. Denn heute werden viele Dinge gemacht, wo nur noch der Kopf entscheidet. Selbst im Studio sind wir oft nur den Weg der Vernunft gegangen, haben auf Studiomusiker zurückgegriffen, weil es weniger Zeit und Geld kostete. Obwohl eigentlich jedem klar war, daß Songs, die wir selbst spielten, schöner und gefühlvoller rüberkamen als durch Fremdmusiker. Denen werden Arrangements vorgelegt, die sie notenmäßig gut runterspielen, aber das Ganze ist oft kalt. Ausnahmen bestätigen auch hier die Regel. Ein Grund, warum ich mir aber viele Songs heute einfach nicht mehr reinziehen kann.

Die »Stowaways« sind damals meist in Discos, Clubs, Pfarrheimen, Schulen und Tanzschulen aufgetreten. Das war manchmal auch mit Überraschungen verbunden. Einmal sollten wir z. B. im »Tropicana«, ein zum Tanzschuppen umgebautes Kino in Rodenkirchen, auftreten. Wir hatten Silvester in Solingen gespielt. Als wir am Neujahrsabend vorm »Tropicana« mit unserem Band-Bus vorfuhren, existierte der Laden überhaupt nicht mehr. Der war über Nacht abgebrannt. Heiß renoviert, dachte ich. In dieser Zeit waren noch Peter Schütten und Erry Stoklosa die Frontleute. Ich bediente mein Schlagzeug und übernahm, bis auf einige Solotitel, meist choristische Aufgaben. Natürlich traten wir auch im Karneval auf Bällen auf. Eigentlich fing damit alles an. Im Repertoire hatten wir ein Marsch- und ein Walzerpotpourri, Ostermann- und Berbuer-Lieder und den »Besuch em Zoo« von Horst Muys. Irgendwann wurde überlegt, etwas Eigenes auf Kölsch zu machen. Ich glaube, es war Erry, der eines Tages mit dem »Rievkooche Walzer« ankam, den ein Herr Rudi Luckenbach aus Porz geschrieben und Jahre zuvor den »Beatstones«, Errys ehemaliger Band, geschenkt hatte. Es wurde ein Sänger für den Titel gesucht. Ich sprach am besten Kölsch, hatte als kleiner Jung' schon mehrere kölsche Sachen beim WDR-Hörfunk gemacht, da war es nur naheliegend, daß dies der Engel macht. Allerdings sollte das Ganze nur ein Spaß sein. Niemand dachte sich etwas dabei. Ich schon gar nicht. Dafür spricht schon, daß die Plattenhülle des »Rievkooche Walzer« völlig schmucklos, nur mit einer Zeichnung nackter Füße erschien. Große Auswahl an Titeln hatten wir auch nicht. Erry hatte lediglich noch das Lied »Silverhuhzick« in der Schublade, das ebenfalls von Rudi Luckenbach stammte und kurzerhand auf die B-Seite kam.

Nach dem mäßigen Erfolg, von der Single sind gerade 2000 Stück verkauft worden, wurde das Kölsch-Thema erst mal abgehakt. Wir hatten ohnehin schon große Probleme gehabt, die Platte überhaupt bei der Electrola unterzukriegen. Der Aufnahme war erst zugestimmt worden, nachdem Terry Young, der Manager von Graham Bonney, die Produktion übernommen hatte, weil ihm unsere »Trinklieder« so gut gefielen.

Einem Kölner Journalisten müssen unsere Lieder wohl auch gut gefallen haben. Eberhard Gravenstein, der damals bei der »Kölnischen Rundschau« für die Popseite »Club 17« verantwortlich war, hatte ein Ohr für Musik und sorgte sogar Mitte der 60er Jahre dafür, daß in der Messehalle 8 die »Who« aus England auftraten, die damals noch auf der Bühne ihre Gitarren und Boxen zertrümmerten. Im Vorprogramm waren die Berliner »Lords« und die »Beatstones« aus Porz – mit Erry Stoklosa. Gravenstein riet uns, mal beim »Literaten-Stammtisch« der Kölner Karnevalsgesellschaften vorbeizuschauen, der damals regelmäßig in der »Leila« an der Schwalbengasse tagte. Das haben wir dann auch gemacht. Die Literaten, verantwortlich für die Sitzungsprogramme der Karnevalsgesellschaften, saßen im Hinterzimmer der Kneipe und hielten Hof. Das Entree klappte auch ganz gut. Vielleicht auch deshalb, weil sich die Herren an meinen Vater und seine Gruppe »Die Vier Botze« erinnerten. Und schließ-

lich war ich ja auch das Patenkind von Thomas Liessem. Wir
bauten also unser Tonbandgerät auf, spielten das Band mit dem
»Rievkooche Walzer« und der »Silverhuhzick« vor und warteten auf die Reaktion der Herren. Die Titel sagten den Literaten
zu, aber sie wollten die Lieder noch einmal live hören. Was überhaupt nicht möglich war – wir hatten vorsichtshalber unsere
Gitarren zu Hause gelassen, denn ohne Orchesterbegleitung
hätten sich die Songs wohl eher dürftig angehört. Als die Literaten dann aber noch fragten, »wie wollt ihr dat dann beim Auftritt
maache, met zwei Leeder kutt ihr ävver nit wick«, konnten wir
nur noch schlucken. Zum Glück fiel mir gerade noch das »Vier
Botze«-Lied »En d'r Kayjass Nr. o« ein. Die peinliche Situation
war gerettet. Mit drei Liedern kam man damals ganz gut über die
Runden. Wir hatten auch gleich ein paar Engagements in der
Tasche.

Karneval sind wir dann zu dritt – Peter, Erry und ich – aufgetreten. Vor jedem Auftritt haben wir unsere Noten brav beim Orchester abgegeben, das die Lieder dann gespielt hat. Das war
manchmal ganz schlimm, besonders wenn der frühere Orche-
sterchef Hardy von den Driesch statt seiner ersten die dritte Gar-
nitur Musiker aufgeboten hatte. Ich stand in der Mitte, links und
rechts Peter und Erry mit ihren Gitarren. Das Outfit war auch
etwas ganz Neues. Ich stand im Frack, nacktem Oberkörper,
ausgefransten Hosen auf der Bühne, alle drei waren wir barfuß.
Das war schon der Hammer, wenn wir in die Säle kamen und auf
der Bühne einen Teppich für unsere kalten Füße ausrollten.
Sicher gab es einige Leute, die das gut fanden. Manche warfen
uns vor lauter »Mitleid« Schuhe auf die Bühne, damit wir uns
nicht erkälteten. Aber die meisten waren eher empört. Viele Präsidenten oder Literaten engagierten uns wohl nur, um ihren Mut
zu demonstrieren, überhaupt solche langhaarigen Exoten auf die
Bühne zu lassen. Einmal riefen die Kellner vom Gürzenich sogar
Gastronom Jochen Blatzheim, als sie uns im Foyer entdeckt hatten: »Herr Blatzheim, Sie müssen sofort kommen. Da stehen
drei Penner, drei Chaoten, die ziehen sich die Schuhe und

V.l.n.r.: Peter Schütten, T.E., Erry Stoklosa

Strümpfe aus und wollen den Saal stürmen.« Blatzheim kam auch und wollte uns sofort rauswerfen. Zum Glück war der Literat in der Nähe und hat das Mißverständnis aufgeklärt. Später traten wir aus gesundheitstechnischen Gründen mit Schuhen auf. Ergebnis: Das Publikum nervte uns regelmäßig auf den Sitzungen mit der Bemerkung »Die han jo Schoh ahn!«

Was ich im ersten Jahr empfunden habe, weiß ich nicht mehr so genau. Ich glaube, daß ich mich auf der Karnevalsbühne noch relativ wohl gefühlt habe, weil ich die ganze Geschichte Fööss zu diesem Zeitpunkt noch für einen Spaß hielt. Aber in späteren Jahren fiel mir immer häufiger der Satz von John Lennon ein: »Die Herrschaften auf den billigeren Plätzen wollen bitte klatschen, die anderen klimpern einfach mit ihren Juwelen.« Dennoch hatten wir keine großen Probleme. Tauchten welche auf, trumpften die Präsidenten schnell mit dem Hinweis auf: »Dat es d'r Sohn vum Rickes Engel un et Patenkind vum Thomas Liessem.« Ich will nicht sagen, daß dies eine Entschuldigung sein sollte, aber für die meisten Präsidenten war das schon ein Kreuz, eine Gruppe Langhaariger ankündigen zu müssen, von der sie nicht wußten, wo sie sie einordnen sollten. Die Gage fiel auch relativ klein aus – 80 Mark für einen Auftritt, die dann durch sechs geteilt wurden. Vielleicht haben wir damals einen entscheidenden Fehler gemacht, denn mit dem »Rievkooche Walzer« machten wir eindeutig Karnevalsmusik. Aus dieser Fahrrinne sind wir bei vielen Menschen bis heute nicht rausgekommen. Denn viele denken immer noch, die Bläck Fööss seien eine reine Karnevalsband. Wir haben viel arbeiten müssen, um uns halbwegs von diesem Image zu befreien.

Probleme gab's auch mit der zweiten Single. Die wollte auch niemand veröffentlichen. Eines Abends saß ich mit Hartmut und Erry in der »Ringschänke« am Karolingerring. Wir suchten einen neuen Titel, der sich aber deutlich von anderen Karnevalsliedern, die meist aus Märschen und Walzern bestanden, abheben sollte. Irgendwann kam jemand auf das Kinderlied »Mach doch bei uns mit«, das die »Stowaways« mal für den WDR-Kinderfunk (unter Georg Bossert) eingespielt hatten. Das Lied erzählt die Geschichte eines kleinen Jungen, der allein auf dem Schulhof steht und häßlich aussieht. Doch ein Kind geht zu ihm und fordert den Jungen zum Spielen auf – »Mach doch bei uns mit«. An diesem Abend kam die Idee, dieses Kinderlied mit einem kölschen Text zu versehen. Denn die Story war austauschbar. Hier der häßliche Junge auf dem Schulhof, dort der alte Mann vor der Wirtschaftstür, die beide nur darauf warteten, daß sie jemand anspricht. Wer die Idee hatte, wußte ich nach den vielen Jahren schon gar nicht mehr. Hartmut meint aber, ich wäre bei Kölsch, Currywurst und Fritten auf die Zeile »Drink doch eine met« gekommen. Wieder gingen wir zur EMI, wieder wurde der Song abgelehnt, weil er der Plattenfirma nicht karnevalstypisch erschien. Wir boten den Song dem Ludwigshavener Chemiekonzern BASF an, der damals noch Schallplatten produzierte. Es wurde der Durchbruch für die Bläck Fööss in Köln.

»Drink doch eine met« war auch für mich etwas anderes. Mit dem Lied kam ich textlich und musikalisch klar. Überhaupt haben wir anfangs anders gearbeitet als heute. Oft hockten Hartmut und Erry oder Erry und ich zusammen. Dabei spielte es nie eine Rolle, daß Hartmut kein Kölsch sprach. Er ist in Berlin geboren, wohnt aber seit seiner Jugend in Köln, hatte zu der Stadt und den Menschen einen guten Draht und eine gute Beobachtungsgabe. Hartmut war immer einer der Ideen-Lieferanten. Erry konnte dagegen diese Ideen immer gut umsetzen. Ich glaube schon, daß Hartmut, im Gegensatz zu mir, in den Anfängen der Fööss mehr gesehen hat. Er hat schon sehr früh unsere Verbindung zu Willi Ostermann und zur Kölner Musiktradition erkannt. Er hat unsere Arbeit immer mit Zille verglichen. Was Zille in seiner Zeit für Berlin mit seinen Zeichnungen war, sollten die Fööss heute mit ihren Liedern für Köln sein. Aus dieser Sicht ist auch der Song »In unserem Veedel« entstanden, für den Erry und ich eigentlich eine ganz andere Melodie komponiert hatten, die aber nicht durch den Fööss-eigenen TÜV kam. Im nachhinein wohl eine ganz gute Entscheidung.

Diese Arbeit hat mir immer Spaß gemacht. Zumal wir anfangs höchstens 40mal als »Bläck Fööss«-Trio im Karneval auftraten. Auf Karnevalsbällen spielten wir weiter zu sechst als »Stowaways«, gaben während des Auftritts höchstens mal eine Einlage als Fööss. Und Titel wie »De Mama kritt schon widder e Kind« kamen auch bei den jungen Leuten gut an. Das Ganze wurde für mich erst problematischer, als die Bläck Fööss immer häufiger für Sitzungen gebucht wurden. Gut, mit wachsender Popularität stiegen auch die Gagen. Aber mit der steigenden Zahl von Engagements merkte ich, daß mir am Karneval vieles stank. Das ganze oberflächliche Gehabe einiger Profilneurotiker, die sich in ihren Fräcken nur darstellen wollten und sich mit Orden behängen mußten, wurde mir immer unerträglicher. Immer häufiger fragte ich mich, warum ich das eigentlich noch mitmachte. Ich wollte Musik für Leute machen, die uns hören wollten. Und jetzt stand ich auf der Bühne oft vor Menschen, denen im Prinzip völlig egal war, wer da oben singt. Oft schlimm waren auch die Auftritte bei den »Karnevalistischen Hitparaden« des WDR. Mit den Leuten, die dort neben uns an den Start gingen, hab' ich oft meine Schwierigkeiten gehabt. Ich habe meine Arbeit anders gesehen. Für mich war immer die Musik das wichtigste. Aber das, was dort im Angebot war, hatte mit meiner Vorstellung von Musik nichts zu tun. Vielleicht haben wir auch deshalb die Hitparade so oft gewonnen, weil wir einfach etwas anderes machten. Viele Texte gingen auf Erlebnisse zurück, manche beschrieben aber auch nur eine Situation. Im Song »In unserem Veedel« wird zwar keine Geschichte erzählt, aber uns war es damals gelungen, am Beispiel eines Stadtviertels, das viele Menschen mit dem Vringsveedel verglichen, den Verfall und die Zerstörung durch Spekulanten und falsche Sanierungspolitik aufzuzeigen. Der Zuhörer konnte diese Bilder in sein eigenes Veedel übernehmen und den Zerfall des Stadtbildes und des Gemeinschaftsgefühls der Menschen nachvollziehen.
Trotz der Erfolge lief die Arbeit als »Stowaways« und später als »Sandwich« weiter. Der Münchener Komponist Christian

Autogrammkarte, Sandwich mit Joko Jänisch, rechts

Bruhn, der es mit »Zwei kleine Italiener« und »Wunder gibt es immer wieder« bereits zu Grand-Prix-Ehren gebracht hatte, produzierte uns damals, verlangte aber einen neuen Namen. Als »Sandwich« auch nicht so lief, wurde die Band kurzfristig in »Tommy Engel & Sandwich« umbenannt. Auch diese Umbenennung machte uns nicht erfolgreicher. Der »Sandwich«-Titel »Kookie« verkaufte sich gerade 10000mal. Auch die Nachfolge-Songs wie »Silly Milly« (der später mit der schwedischen Gruppe »Blue Suede« in den Top 10 der amerikanischen Charts landete) oder »Mama's in the family way«, den die Fööss danach als »De Mama kritt schon widder e Kind« rausbrachten, blieben nur Achtungserfolge. Entscheidend war nur, daß für »Silly

Milly« eine Umbesetzung in der Band vorgenommen wurde. Denn für dieses Lied wurde ein Sänger mit Kopfstimme gesucht. Die Wahl fiel auf Bömmel Lückerath, der damals in Musikerkreisen die »Nachtigall von Rath« gerufen wurde und bis dahin eher erfolglos mit seiner Band »The End« musiziert hatte. Bassist Harry Braschoß verließ die Gruppe, weil er sein Studium zu Ende führen wollte. Hartmut Priess übernahm den Baß und Bömmel die Solo-Gitarre. Noch heute bin ich mir sicher, wäre »Sandwich« damals erfolgreich gewesen, hätte es die Bläck Fööss in dieser Form wohl nie gegeben. Das lief damals so nebenher, wurde erst wichtiger, als die Fööss-Geschichte in Köln eine breitere Plattform bekam. Ich behaupte sogar, daß wir anfangs auf unsere kölschen Erfolge gar nicht so scharf waren. Wie wichtig aber unsere Fööss-Arbeit war, zeigten uns u. a. auch die Leute von der »BISA« (Bürgerinitiative Südliche Altstadt), die uns für ihre Straßenaktionen holten. Denn in unserem Song »In unserem Veedel« und »Dä kleine Lade vun d'r Mam« hatten wir das beschrieben, was in der Südstadt geschah. Während diese Texte fiktiv waren und auf die Situation allgemein zutrafen, besangen wir im »Südstadt-Leed« eine ganz konkrete Entwicklung. Denn zu dieser Zeit bauten die Kölner Verkehrsbetriebe die sogenannte »Vorlaufbahn«, die Linie 16, die bis nach Bonn fahren sollte. Durch die Bahntrasse wurde der Karolingerring nicht nur der Länge nach in zwei Hälften getrennt, sondern der Modernisierung fielen auch unzählige Pappeln zum Opfer. Hier zeigte sich aber auch ganz deutlich, daß an den menschlichen Bedürfnissen vorbeigeplant wurde. Nur um KVB-Fahrgäste schneller wegzukarren, wurde der Karolingerring völlig verunstaltet. Was sich danach noch oft wiederholte. Man denke nur an den Kaiser-Wilhelm-Ring, wo für eine Tiefgarage ebenfalls unzählige Platanen gefällt wurden. Später wurde die Parkanlage zwar wieder aufgeforstet, aber wer fühlt sich in dieser künstlichen Landschaft noch wohl?
Der Vorreiter der Bläck Fööss war eigentlich Hans Knipp. Hans hatte schon eine Menge schöner Lieder geschrieben, als an die

Fööss noch niemand dachte: »Mer schenke dä Ahl e paar Blömcher« oder den »Besuch em Zoo«, den Horst Muys zunächst gar nicht singen wollte. Heinz Gietz, damals Produzent bei der Plattenfirma »Cornet«, mußte Muys erst von dem Lied überzeugen. Gietz war zwar Frankfurter, hatte aber einen Nerv für die Kölner. Er hat auch unsere beiden LPs »Op bläcke Fööss noh Kölle« und »Lück wie ich un du« produziert, zu der Rolf Lammers als Keyboarder bei uns aufgenommen wurde. Joko Jänisch hatte die Gruppe kurz zuvor verlassen, weil er sein Musikstudium vollenden wollte. Rolf hatte bis dahin bei den »Whisky Boys«, so hießen alle Bands, die damals im Forsbacher »Whisky Bill« auftraten, gespielt und war von »Personalchef« Erry in die Band geholt worden. Rolf blieb leider nur drei Jahre, obwohl er für die Fööss richtige Pionierdienste geleistet hat. Rolf war immer um einen guten Klangkörper bedacht, wollte z. B. »Drink doch eine met« auf der Bühne nicht auf dem Akkordeon, sondern auf dem Klavier spielen, weil es dem Song einfach besser tat. Auch gesundheitlich war das Akkordeon für Rolf ein Greuel. Durch das ständige Ziehen und Drücken der »Quetsch« klagte er immer über Schmerzen in Schulter und Rücken. Deshalb konnte er sich auch immer darüber aufregen, wenn bei diversen Veranstaltungen der Flügel zugebaut war oder als Ablage für eine Tombola oder irgendwelchen Krempel benutzt wurde. War er mal nicht zugebaut, trat das Problem auf, daß die Stimmung des Flügels nicht mit unseren Instrumenten übereinstimmte, die natürlich auf das Akkordeon abgestimmt waren. Als ihm dann aber noch der WDR, im Februar 1977, einen Tag vor der offiziellen Weiberfastnachts-Live-Sendung erklärte, daß für ein Klavier im großen Sendesaal kein Platz sei, machte er ernst. »Wenn da kein Klavier steht, komme ich nicht«, hatte er damals erklärt. Er kam nicht. Einen Tag später zog die Band ihre Konsequenzen. Es wurde abgestimmt. Rolf mußte gehen. Ein großer musikalischer Verlust, aber vor allem war damit ein guter Freund nicht mehr dabei. Wie wichtig Rolf auch für seine Nachfolger, zunächst Joko Jänisch und ab 1980 Willi Schnitzler war, erkennt man allein daran, daß die Band Willi später sogar einen portablen »Yamaha«-Flügel für die Bühne zur Verfügung stellte. Ich glaube, die Band hat vor allem gestört, daß Rolf neben den Bläck Fööss auch noch andere musikalische Interessen hatte. Wenn man so will, eine Parallele zu meiner jetzigen Situation.

Den Kontakt zu Hans Knipp hat Hartmut hergestellt. Er hatte seine Lieder gehört und wollte nun wissen, wer dieser Hans Knipp ist. Hans war zu dieser Zeit noch Fotograf und hatte die Stücke so nebenbei geschrieben. Hans und Hartmut haben sich auf Anhieb gut verstanden. Der Anfang einer langen und erfolgreichen Zusammenarbeit. Denn Knipp schrieb nicht nur Texte, der brachte auch gleich Melodien mit, die aber von uns gemeinsam ausgearbeitet werden mußten, da Hans damals nicht mehr als drei Griffe auf der Gitarre beherrschte. Heute kann er sechs...

Aus diesem Grund kann auch heute niemand mehr so ganz genau sagen, welcher Titel von wem geschrieben wurde. Irgend jemand hatte die Idee, und daran wurde gearbeitet. Mit wechselnder Beteiligung, der eine mehr, der andere weniger. Am meisten hat mit Sicherheit Erry zu den Bläck Fööss beigetragen. Zugegeben, Erry hat auch Schubladen-Songs produziert, aber meistens kam Gutes dabei heraus. Bleibt die Frage, warum Hartmut Priess auf den ersten Alben ständig als Autor auftauchte. Erklärung: Hartmut war damals als einziger bei der GEMA angemeldet. Das hat sich erst später geändert, als wir alle Mitglieder der GEMA wurden. Denn bis dahin war mir immer erzählt worden, es gäbe mehr Punkte bzw. eine größere Ausschüttung aus dem GEMA-Topf, wenn nur ein Bandmitglied als Autor gemeldet ist...

Höre ich heute Titel aus dieser Zeit, werde ich auch schon mal sauer. Nicht, weil die Lieder schlecht sind, sondern weil die textliche und musikalische Umsetzung oft nicht stimmte. Hatten wir damals Text und Melodie, wurde eine Demo-Kassette angefertigt und dem Arrangeur übergeben. Werner Dies, lange Zeit auch unser Produzent, hat zwar viele schöne Arrangements ge-

In den EMI-Studios, bei der Produktion von »Wenn et jöck...«, obere Reihe, v. l. n. r.: Bömmel, Hartmut, Willy, Peter, untere Reihe, v. l. n. r.: Unser früherer Produzent und Arrangeur Werner Dies, T. E., Kingsize Dick, Erry

schrieben, aber statt selbst ins Studio zu gehen und die Titel mit unserem kleinen Equipment aufzunehmen, wurden die Stücke von Studiomusikern eingespielt. Leider blieb dabei das Gefühl, das wir in einem Song ausdrücken wollten, sehr oft auf der Strecke. Der Grund war klar: Eine reine Kosten- und Zeitfrage. In einer Woche mußten die Grund-Plays fertig sein. Aber in einer Woche konnten die Fööss das nicht schaffen. Das wurde in der Gruppe damals nicht so ernst genommen. Live-Gigs waren eine Sache, Studioaufnahmen eine andere. Eine kranke Situation, wenn man als Sänger am Studiomikrofon steht und merkt, daß dem Lied die musikalische Seele fehlt. Diejenigen, die es damals so wollten, fühlten sich durch den ständig steigenden Erfolg natürlich bestätigt.

Trotzdem: Als Musiker willst du an der Musik teilhaben. Es reicht mir nicht, nur noch ins Studio zu gehen, um auf ein fertiges Playback zu singen, das andere Musiker eingespielt haben. Ein Beispiel von vielen ist die »Kaffeebud«. Dieses Lied wurde auch von Studiomusikern mit riesigem Orchester eingespielt. Wenn die Fööss dieses Lied aber auf der Bühne selbst spielen, gewinnt es an Originalität und bekommt dadurch eine eigene Qualität. Vielleicht vergleichbar mit der früheren Berliner Gruppe »Insterburg & Co.«, die mit minimalsten Mitteln musizierten. Sie waren sich ihrer Originalität bewußt, waren ideenreich, was auch die Auswahl der Instrumente betraf, und scheuten sich nicht, dies pur auf Platte zu konservieren.

Es gibt grundsätzlich keine schlechte Musik. Es gibt nur schlecht gespielte Musik. Oder Musik, die von Musikern mißverstanden und deshalb falsch interpretiert wird. Leider ist bei den Bläck Fööss die Einheit zwischen Text und Musik nicht immer optimal gelungen. Manchmal auch nur, weil man keine Risiken eingehen wollte. Oft wurde eine Richtung vorgegeben, weil irgend jemand aus der Band einen Song gehört hatte und unser Titel so ähnlich klingen sollte. Da muß »Surfen am Fühlinger See« wie Beach Boys oder »Allerschwersten Daach« wie Ry Cooder klingen. Wenn ich etwas mache, denke ich nicht über Kommerz oder über andere Leute nach, die auch zufällig Musik machen. Gut, man kann sie im Auge behalten – rein informationstechnisch. Aber man sollte grundsätzlich immer erst versuchen, was Eigenes zu machen. Und nicht nach dem Motto vorgehen: »Besser jot jeklaut, als schläch komponiert.« Es gibt auch Titel der Fööss, wo Text und Musik miteinander verschmelzen: »Ich han nen

Deckel«, »M. S. Monika«, »Wenn ich Beatles hür« oder »Naakswächter«, um nur einige zu nennen. Die klingen schön, u. a. auch deshalb, weil wir diese Songs im Studio selbst gespielt haben. Oft gab es deswegen Auseinandersetzungen. Das ging schon in der Vorbereitung, bei der Auswahl der Titel für eine LP los und setzte sich im Studio fort. Wie wird etwas instrumentiert, wer soll das Instrument spielen, wer singt? Das zieht sich durch die gesamte Produktion. Der Streß beginnt schon mit dem Satz: »Mer han noch kein Leed för d'r Karneval!« Wenn dieser Satz fiel, machte sich bei mir immer Unbehagen breit. Denn ich wußte, jetzt suchen wir wieder nach einem Ding, mit dem die Erwartungen des Sitzungspublikums bedient werden sollten. Dabei hatten wir das gar nicht nötig. Oft genug war es uns gelungen, weil wir eben nicht an Karneval gedacht haben, einen Song zu schreiben, der auch im Fastelovend seine Freunde fand. Beispiele: »Katrin«, »Bye, bye my love«, »Frankreich«. Letzteres kam im Sommer 1985 raus und war, allein schon vom Veröffentlichungszeitpunkt her, nicht im geringsten als Karnevalslied gedacht. Trotzdem wurde es in der darauffolgenden Session in fast jeder Musikbox und auf Karnevalssitzungen und -bällen genudelt. Bleibt die Frage: Was ist überhaupt ein Karnevalslied, und welche Kriterien muß ein solcher Titel erfüllen? Hatten wir es früher geschafft, die Leute auch mit sensibleren Tönen auf die Stühle zu bringen, wurde es in den letzten Jahren immer schwieriger. Plötzlich war wieder diese banale Mitmach-Arie angesagt. Songs wie »Ole, Ole, wir sind die Champs« oder das »Pizza-Lied« standen wieder hoch im Kurs. Viele Musiker und Gruppen ließen sich leider davon anstecken, griffen auf bekannte, gängige Melodien zurück, klopften irgendeinen Schwachsinnsrefrain darauf, und schon hatten sie die Saalrenner. Ein Grund mehr, warum ich eigentlich schon seit Jahren keinen Bock mehr hatte, gegen diesen Zustand anzustinken.

Womit wir bei einem anderen Problem sind. Viele Fans meinen, die Bläck Fööss seien besonders gute Musiker. Was zeichnet aber einen guten Musiker aus? Er muß sein Instrument beherrschen, spielt dafür aber in der Regel nur eine Musikrichtung wirklich gut. Bei uns ist aber die musikalische Palette so groß, daß jeder von uns ein perfekter Allroundmusiker sein müßte, der sein Instrument in allen Lagen bedienen kann. Aber das ist unmöglich. Deshalb versucht die Band, es immer so gut zu machen, wie sie es kann. Doch dabei bleibt auch schon mal die Qualität auf der Strecke. Der Klaus Heuser von BAP wird zum Bömmel Lückerath immer sagen, daß er ein Super-Musiker ist. Er ist ja auch einer. Er spielt Gitarre, Mandoline, Geige, Banjo etc., aber auch nicht so, daß er eine spezielle Klasse hätte. Die Vielfalt ist aber wiederum seine Spezialität. Man könnte also sagen: Wir können viel – ziemlich gut.

Zurück zu den Auftritten im Karneval. Die wurden von Jahr zu Jahr zahlreicher. Wegen meiner Familie blieb mir keine Chance auszusteigen. Da spielte ich ein Spiel mit, bei dem ich gar nicht mehr mitspielen wollte. Nach und nach hatten wir zwar die Auftritte von 200 auf 120 pro Session reduziert. Aber je näher in den letzten Jahren eine Session rückte, um so unzufriedener wurde ich. Seit diesem Jahr ist das Thema Karneval für mich nun aber endgültig gegessen. Ich habe das Gefühl, daß ich durch diesen Entschluß innerlich viel ruhiger geworden bin. Ich habe nicht mehr diesen Sessionsstreß und schon jetzt einen gesunden Abstand zu diesem vaterstädtischen Fest. Durch meinen Karnevalsausstieg hat sich das Verhältnis untereinander allerdings abgekühlt. Die Zusammenarbeit ist nicht mehr die gleiche wie früher. Heute sitzt hier ein Teil der Gruppe und dort ein Teil der Gruppe und versucht, irgend etwas zu machen. Das ging fast bis zur Spaltung. Deshalb hab' ich bei der LP-Produktion 1986 auch darauf bestanden, daß diese Platte »Zweierlei Fööss« heißt. Das sollte einfach nur eine ehrliche Aussage über den damaligen Zustand der Band sein.

Zum Beispiel gab es nicht selten Auseinandersetzungen, weil ich ablehnte, Songs zu singen, die aus meiner Sicht von anderen der Gruppe besser hätten interpretiert werden können. Ein Beispiel: »Dr Wing vun Kölle am Rhing«. Der Song war zwar gut, aber ich sah mich nicht in diesem Lied. Zu Recht sang ihn Erry. Dadurch war es aber auch nur möglich, daß ich den Wiener Kellner in die Nummer einbringen konnte. Ein anderes Beispiel war »Mingen allerschwersten Daach«. Den wollte ich auch nicht singen, weil der Text unserem Bömmel auf den Leib geschrieben war. Schließlich hatte er damals erst gerade geheiratet. Hätte ich die Nummer gesungen, wäre sie bestimmt nicht so hervorragend angekommen. Allein Bömmels gequälte Stimme und wunderbares Outfit – Frack, Zylinder und Kerze – sprach doch für sich, wenn er vom ewigen Junggesellen sang, der doch noch vorm Traualtar landet. Wie im richtigen Leben.

Auch den Titel »Dovun dräum ich schon sulang« sollte ich singen. Nur, der Song war ebenfalls eine Idealnummer für Bömmel, weil er in die Rolle des Schlagersängers »Günni Lücki Bömmi« gar nicht erst hineinschlüpfen mußte. Ich hätte den Part des »Tom Richy Angel« nie so überzeugend spielen können. Dadurch ist aber inzwischen auch ein neuer Stern am Bläck Fööss-Himmel aufgegangen. Beim Song »Moni hat geweint«, der bei den letzten Millowitsch-Konzerten Premiere hatte, war es deshalb selbstverständlich, daß dies eine Nachfolgenummer für »Günni Lücki Bömmi« ist. Das war gut so. Dadurch hat Bömmel eine neue Aufgabe, wie Erry, Willy und ich, wenn wir als »Die Drei vun d'r Eierquell'« mit alten kölschen Krätzchen auftreten.

Es gibt allerdings auch Lieder, die ich mir rein textlich nicht reinziehen kann, weil sie einfach zu platt sind. In der Song-Auswahl für die kommende LP ist so ein Titel: »Wann es de Schull endlich uss«. Mit dem Text kann ich einfach nichts anfangen. Ich habe drei Söhne, die zur Schule gegangen sind. Ich weiß, was da heute stattfindet, aber davon ist in diesem Lied nicht die Rede. Der Streß, das ganze Drogentheater wird nicht einmal gestreift. Das kann man nicht machen. Da singen irgendwelche ältere Herren einen Song, der an der Realität komplett vorbeizielt. Da fragen sich doch viele Kids zu Recht: »Was singen die denn da? Was wollen die überhaupt? Die haben doch keine Ahnung!«

Ich hab' auch nichts gegen Produktionen wie unsere Ostermann-Platte oder die Geschichts-LP »Was habst du in die Sack«. Ich halte diese Sachen für wichtig, weil Ostermann oder Berbuer wunderschöne Lieder geschrieben haben. Die habe ich auch gerne gesungen. Aber mir liegt mehr an der Zukunft, an neuen Projekten der Bläck Fööss. Ein Beispiel wäre die »Westside Story« auf kölsch, ein anderes die alternative Karnevalsrevue mit dem Zirkus Roncalli, die aus vielerlei Gründen nicht zustande kam. Warum soll man nicht ein bißchen rumspinnen. Der Clown Pic wollte die Regie übernehmen. Eine Karnevalsshow ohne Elferrat, versteht sich. Irgendwie hat Roncalli-Chef Bernhard Paul aber gemerkt, daß die Band nicht hundertprozentig hinter dieser Idee stand. Sein Interesse wurde immer geringer. Hatten wir uns verabredet, kam er mal eine Stunde, mal zwei Stunden zu spät, oder er kam überhaupt nicht. Ich habe zwar mit Bernhard ein kurzes Exposé ausgearbeitet, bin auch zweimal nach Pforzheim gefahren, wo damals der Zirkus gastierte. Aber darüber hinaus kam nichts zustande, obwohl das jederzeit noch nachzuholen wäre.

An dieser Geschichte erkennt man aber, daß uns oft die Spontaneität fehlt. Wir sind zu festgefahren. Das läßt sich schon an unserem Terminkalender ablesen: Karneval, Urlaub, Vorbereitungsphase für Millowitsch, das Millowitsch-Gastspiel, Zeltjobs, Sommerurlaub, Studio, Tournee, Weihnachtsurlaub, Karneval, dazwischen geplante »Kreativzeiten«. Das läuft jedes Jahr so. Statt dessen müßte man einmal eine längere Auftrittspause einlegen, um an neuen Dingen zu arbeiten. Einen Versuch wäre es zumindest wert. Aber einige Fööss-Mitglieder sehen diese Probleme mal nicht klar genug. Und reden wird immer schwieriger. Ich weiß bis heute nicht einmal, ob Hartmut überhaupt mit seiner Freundin Elke verheiratet ist. Das mag nicht wichtig sein, spricht aber für das Verhältnis in der Band. Mit Erry habe ich diese Probleme nicht.

In der Band hatte es in den letzten Jahren oft genug gebrodelt. Als ich 1983 ein halbes Jahr Pause einlegen wollte, zeigten Hartmut, Peter und Bömmel aus meiner Sicht zu wenig Verständnis. Im Gegenteil, sie suchten einen Ersatzsänger und gaben mir damit zu verstehen, wie die zukünftige Zusammenarbeit auszusehen hat: Entweder – Oder. 1987 fanden wir dann aber einen Kompromiß, legten ein Jahr Karnevalspause ein und stellten statt dessen die LP »Pänz, Pänz, Pänz« fertig mit Liedern, die die Schüler vom Großen Griechenmarkt ausgesucht und mitgesungen hatten.

Im August '88 war es fast zum Bruch gekommen. Ich wollte das Roncalli-Projekt, eine zeitgenössische Karnevalsrevue in den ersten drei Karnevalswochen durchziehen. Hartmut, Peter und Bömmel wollten aber im Sitzungskarneval weitermachen, weil dies für sie zum Selbstverständnis der Gruppe gehört. Dafür sollte das Roncalli-Projekt in den Dezember gelegt werden. Der einzige, der damals auf meiner Seite stand, war Erry. Er erklärte sogar seinen Austritt, falls ich die Band verlassen müßte. Am 12. August 1988 wurde aber erneut ein Kompromiß geschlossen. Roncalli fand nicht statt, dafür wurden aber auch nur 60 Sitzungsauftritte festgemacht. Der vorerst letzte Kompromiß, den ich in Sachen Karneval bereit war, einzugehen.

Hey, Kaczmarek…

Op ihrer Burch en Xante,
mit allerhand Trabante…
(Der Kölsche
Lohengrin)

Piff, Puff, Paff, dä Vuchel muß eraff

Herman, the German

Ich kauf mir ein Baguette

Und ich fuhr mem Rädche
Dach för Dach zo im…

Heut' ist Kaffeeklatsch
bei Tante Lienchen

Däm Schmitz sing Frau
es durchjebrannt...

Wenn et dat Aapejeseech
nit hätt...

He kütt de Müllabfuhr

The show must go on

Klüngel, Krieg und Karneval

Nach meinem Ausstieg aus dem Karneval haben mir einige Funktionäre nahegelegt, ich sollte doch jetzt, wo ich so lange im Karneval mein Geld verdient hätte, den Leuten, die gerne Karneval feiern, dieses Fest nicht vermiesen. Was nichts anderes bedeutet als »Halt ding Mul!« Aber gerade das werde ich nicht machen. Ich habe nichts gegen den Karneval, mich stören einfach die Entwicklungen um den organisierten Frohsinn. Ein komplexes Thema, deswegen sollte man sehr vorsichtig formulieren. Man möchte ja den Menschen, die es wirklich ehrlich meinen, nicht die Freude an diesem Fest nehmen.

Meine Antipathie gegen den Karneval rührt wohl schon aus Kindertagen. Während sich meine Freunde zu Fastelovend als »Billy, The Kid« oder »Winnetou« im Dreck wälzten, mußte ich mit meiner Prinzengarde-Uniform durch Sülzer Straßen schreiten. Das hatte natürlich mit meinem Patenonkel Thomas Liessem zu tun, der mir dieses Outfit verpaßt hatte. Gerade an der Person meines Patenonkels ist leicht zu erkennen, warum Kölner überhaupt Mitglied von Karnevalsgesellschaften und -vereinen werden. Wer im Kölner Geschäftsleben mitmischen will, sollte einer Gesellschaft angehören. Dabei läßt sich gleichzeitig auch die eigene Profilneurose gut bedienen. Auch Thomas Liessem hatte sein Motiv: Als Spirituosenhändler belieferte er natürlich viele Karnevalssäle und war für die Gastronome als Festkomitee-Präsident und Prinzengarde-Chef gleichzeitig ein Garant für gute Umsätze. Daraus machte er nicht einmal einen Hehl. Wenn er vom Elferratstisch aus das Publikum aufforderte, das Weinglas zu erheben, um einen kräftigen Schluck auf die herrliche Sitzung zu nehmen, lehnte er sich anschließend zufrieden in seinen Präsidentenstuhl zurück und meinte zu seinem Vorstandskollegen: »Dä, ad widder vier Keste Wing weg.« Das Spiel wiederholte sich natürlich mehrmals am Abend. Er schaffte es, wenn man das überhaupt sagen kann, dem Klüngel ein Denkmal zu setzen. Dabei fällt mir eine Zeile aus Trude Herrs Lied »Die Stadt« ein, in dem es heißt: »Klüngel es e krank' Sediment, wä drüvver laach, die Stadt nit kennt«. Was wohl bedeuten soll, daß Klüngel eine Krankheit ist, die jeden Kölner befallen kann. Wohl wahr, aber gefährlich sind die, die »Klüngel non Limit« betreiben, weil sie sich keine Gedanken darüber machen, ob sie damit Dritten schaden.

Es sollte nicht übersehen werden, daß der Karneval oft nicht mehr als ein Mittel zum Zweck ist, um in die eigene Tasche zu wirtschaften. Damit will ich aber z. B. meinem Patenonkel nicht unterstellen, daß er nur aus diesem Grund im Karneval tätig war. Er besaß darüber hinaus noch eine gewisse Art von Schlagfertigkeit. Das beweist z. B. eine Geschichte, die der heutige Prinzengarde-Chef Hans Becker gerne zum besten gibt. So soll Thomas Liessem eines Tages zur Beerdigung eines verdienten, hochdekorierten Prinzengardisten auf dem Friedhof erschienen sein und sich fürchterlich aufgeregt haben. Denn alle anderen Gesellschaften hatten Abordnungen mit Fahnen geschickt. Lediglich die Fahne der Prinzengarde und die Musikkapelle fehlten. Liessem war kaum zu beruhigen. Doch nur bis zum Grab, denn bis dahin muß er sich wohl überlegt haben, wie er aus der für ihn peinlichen Situation wieder herauskommt. In seiner Grabrede soll er dann die richtigen Worte gefunden haben: »Lieber Willi, du warst uns immer ein treuer Gardist, hast viel für unsere Gesellschaft, für deine Prinzengarde getan.« Dabei habe er auf die Fahnen der anderen Vereine geschaut, habe an die vergessene Prinzengarde-Standarte und an die nicht erschienene Musikkapelle gedacht und wäre fortgefahren: »Aber du warst auch ein einfacher Mensch, wolltest nie etwas Besonderes. Du wolltest keine Fahnen, du wolltest keine Musik, du warst immer bescheiden.« Liessem hatte die Situation gerettet, seine verletzte Eitelkeit war auf dem Weg der Besserung, der Haussegen der Prinzengarde hing wieder gerade.

Es gibt sicherlich auch heute noch genügend Menschen, die »us Spaß an d'r Freud«, wie der Kölner zu sagen pflegt, in Vereinen und Gesellschaften mitmachen. Nur sind diese die Leidtragenden, wenn es oft zu Recht heißt: »Hür mer op met Karneval, do weed doch nur jeklüngelt. Dat es doch alles nur Jeschäftemacherei. Die jon doch nur op en Sitzung, öm ihr neu Kleider zu zeije. Zum Laache jon se en d'r Keller.« Und damit sind nicht nur die Besucher der einschlägigen »guten Stuben«, sondern auch die Karnevalisten gemeint, die sich schon im kleineren Rahmen mit Prunk umgeben, sich profilieren müssen und den großen Macker im kleinen Vorortsverein raushängen lassen.

Aber jeder muß ja wissen, was er tut. Mir liegt es fern, irgend jemandem Vorschriften zu machen. Allerdings: Ich mag Menschen, die zu dem stehen, was sie machen. Und wenn die Leute dabei auch noch humanitäre Ziele verfolgen, komm' ich damit gut klar. Viele sind es nicht. Ein Beispiel wäre Köbes Schuhmacher von den »3 Kölsche Junge«. Dem gefällt es sicherlich auch, daß er einmal im Jahr oben im Rampenlicht steht. Der hat sicherlich durch seine Tätigkeit im Karneval hier und da auch schon mal gewisse Vorteile. Aber sein Engagement hat keine Alibifunktion, sondern dahinter verbirgt sich das Bedürfnis, Menschen zu helfen. In seinem Fall sind es behinderte Kinder, die er aus den Einnahmen einer Karnevalssitzung, bei der alle Künstler kostenlos auftreten, unterstützt.

Ein Lichtblick im Sitzungskarneval ist immer noch die »Stunksitzung«. Da gibt es weder Prunk noch gesellschaftliche Selbstdarstellung. Die Leute, die dort hinkommen, wollen einfach Spaß haben und sich nicht von Holzhammerhumor und platten Darbietungen langweilen lassen. Außerdem besitzt Stunksitzungspräsident Jürgen Becker noch den Witz und Geist, der den meisten offiziellen Gesellschaftspräsidenten einfach fehlt. Gut, die brauchen ja nicht alle mit Irokesenperücke oder Lederjacke ihre Sitzungen zu leiten – das wäre ja auch wieder langweilig und würde ohnehin nichts nützen –, aber sie könnten ruhig mal von ihrem hohen Roß runtersteigen. Es gibt sicherlich Leute, die motiviert sind, das Narrenschiff wieder auf ursprünglichen Kurs zu bringen. Aber leider ist das Schiff fast gestrandet. Da bewegt sich nichts mehr. Da werden nur noch eitle Leute gegen noch eitlere ausgetauscht. Die haben seit Jahren nicht begriffen, die Jugend anzusprechen und begreifen immer noch nicht, daß der Karneval auf dem besten Wege ist, zu vergreisen.

Ursprünglich war der Karneval ja das Sprachrohr, das Ventil des Volkes. Mit den Uniformen wollten die Korpsgesellschaften eigentlich das preußische Militär, mit Stippeföttche den Drill auf die Rolle nehmen. Und der Elferrat sollte nichts anderes als eine Satire auf den französischen Jakobiner-Revolutionsrat sein. Nur, was ist daraus geworden? In manch einem Traditionskorps geht es heute militärischer als beim Bund zu. Da gibt es einen Spieß und ein Wachbuch, wo jedes Fernbleiben von der »Truppe« genauestens festgehalten wird. Wenn bei den sogenannten Regimentsappellen Mitglieder befördert werden, rasen sie gleich zur Toilette und heften sich ihre neuen Schulterstücke an, damit auch jeder sieht, was für ein wichtiger Gardist oder Funk er ist. Von Satire kann bei den meisten Elferräten nicht mehr die Rede sein. Die Leute, die an diesen Tischen sitzen, sind meilenweit vom Ursprünglichen entfernt und machen sich keine Gedanken um die eigentliche Bedeutung dieses Festes. Dieses Gehabe kann man selbst schon wieder als Satire darstellen.

Die letzte Karnevalssession habe ich nur am Rande miterlebt. Durch meinen Karnevalsausstieg blieb mir die Entscheidung erspart, ob ich aufgrund des Golfkriegs im Karneval weiter auftrete oder auch nicht. Ich habe oft genug an die Fööss gedacht, die mit Sicherheit jeden Tag neu überlegen mußten, ob sie weitermachen. Für die Präsidenten der Karnevalsgesellschaften war es sicherlich auch nicht einfach. Sie mußten tatsächlich auf ihre beliebten »Raketen« (besondere Ehrung für eine besonders gute Darbietung) verzichten. Aber »The Show must go on«, allein schon aus finanztechnischen Gründen. Die Betroffenheit zeigte man, indem man die offiziellen Straßenkarnevalsveranstaltungen ausfallen ließ. In Wirklichkeit hatte man wohl mehr Angst vor

Zwischenfällen. Man war nicht in der Lage, mit dieser hochpolitischen Situation halbwegs fertig zu werden, was sicher damit zusammenhängt, daß der Kölner Karneval schon lange keinen politischen Anspruch mehr erhebt. Da überzeugen auch die kleinen Sticheleien diverser politischer Büttenredner nicht. Denen wird doch schon ein netter Kohl-Witz untersagt, wenn im Saal mal ein bekannter »Schwarzer Mann« sitzt.

Wäre es anders, hätten wir längst auf Karnevalssitzungen andere Lieder aus unserem Repertoire singen können. Angesichts des Golfkriegs ergab sich in diesem Jahr allerdings eine andere Situation. »Morje, morje« z. B. hätten die Fööss noch vor einem Jahr nicht im Karneval singen können. In der letzten Session war der Song angesichts des Golfkrieges dann allerdings machbar. Angeblich, weil die Menschen sensibler reagiert haben. Für mich eine makabre Situation. Da muß erst ein Krieg ausbrechen, damit die Menschen auch im Karneval solchen Liedern ihre Aufmerksamkeit schenken. Ich hätte auch nichts dagegen gehabt, wenn die Leute bei »Morje, morje« geschunkelt hätten – aber in die richtige Richtung. Eine gute Sache waren in diesem Jahr auch die spontanen Umzüge, die sich durch die Absage des Rosenmontagszuges bildeten. Die Mannschaft der »Stunksitzung« hat die Gunst der Stunde erkannt, genutzt und begriffen, daß ihnen auch die Straße gehören kann. Und das mit sensiblem Frohsinn, ohne den Blick auf die Realität, also den Golfkrieg, zu verlieren. Dabei kam den »Stunksitzern« auch ein Lied der Bläck Fööss zu Hilfe – »Mer klääve am Lääve« –, das zu einer Art Hymne wurde. Man wollte damit ausdrücken, daß man gerade in dieser ernsten Situation sich nicht unterkriegen lassen wollte und trotz Krieg mit gebührendem Respekt feiern kann.

Im offiziellen Rosenmontagszug kann von scharfen politischen Witzen schon lange nicht mehr die Rede sein. Die kleinen »Nettigkeiten« auf den Fest- und Bagagewagen sind doch eher Schmeicheleien für die dargestellten Politiker, auf die sie dann auch noch stolz sein können. Jede billige Illustrierte ist dagegen hochpolitisch. Und lustig ist der Rosenmontagszug auch nicht.

Die Persiflagen sind eher hirnlos. Das merken immer mehr Leute auf der Straße. Die meisten kommen doch nicht wegen der Wagen ins Severinsviertel. Die wollen einfach das Gemeinschaftsgefühl am Zugweg erleben. Alles ist zwar prunkvoll und groß, hat aber keine kernigen Aussagen mehr. Die früheren Rosenmontagszüge waren lange nicht so prunkvoll, aber hatten wesentlich mehr Niveau. Heute ist der »Zoch« eher schon ein Triumphzug, hat aber z. B. mit den Problemen der Stadt nicht mehr viel zu tun. Die Beziehung zur Stadt zeigen heute die »Schull- und Veedelzög«. Die Vereine, Stammtische und Schulen lassen sich noch etwas einfallen. Trotz weniger Mittel spürt man, daß sich diese Leute mit den großen und kleinen Problemen ihres direkten Umfeldes auseinandersetzen. Sie versuchen gar nicht erst, Weltpolitik zu karikieren.

Aber zurück zu den Bläck Fööss und zum Karneval. Ob gewollt oder nicht gewollt, wir wurden damals schnell zum Aushängeschild für Köln. Hierin liegt sicherlich auch einer der Hunde begraben, warum ich sogar manchmal im Gegensatz zu einigen Fööss-Mitgliedern eine andere Auffassung von Tradition habe. Die Tradition in dieser Stadt wird von Leuten »verwaltet«, die diese dogmatisch behandeln und nicht merken, daß sich im Laufe der Zeit eine kulturelle Entwicklung in vielen Bereichen vollzogen hat. Die heutigen Kultur- und Traditionspfleger erinnern mich schon fast an Kirchenfürsten, die einen Schatz im Keller hüten, der unantastbar ist. Sie hocken auf ihrer Tradition wie eine Glucke auf einem goldenen Ei, haben Angst, daß man daran rüttelt, da sonst das ganze Gebilde zusammenstürzen könnte und ihnen ihre Basis genommen würde. Ich wehre mich nicht dagegen, wenn Lieder sich verselbständigen und Teil der Kölner Volkskultur und Tradition werden. Schielt man aber auf den späteren Platz im Stadtmuseum, bewegt man sich immer nur auf den Trampelpfaden des sicheren Erfolges und wird selten etwas Originelles und Neues zustande bringen. Natürlich waren Willi Ostermann und Karl Berbuer berühmte Vorgänger. Aber mein Ziel ist es nicht, daß mein Kopf irgendwann einmal ein Denkmal dieser Stadt ziert. Mir geht es auch nicht immer und in erster Linie darum, etwas zu machen, was die Masse liebt. Oft mache ich auch musikalisch gerade Dinge gerne, die die meisten Leute gar nicht interessieren. Tradition sollte mit den Menschen dieser Stadt gemeinsam wachsen. Sie muß aus dem Leben entstehen, zum Anfassen sein und gerade für junge Leute offen und attraktiv bleiben. Sonst wird sie zum Dinosaurier und verendet irgendwann einmal.

In der letzten Session hat sich gezeigt, daß es auch anders laufen kann. Gerade die jüngere Generation hat es verstanden, ihren Karneval selbst zu gestalten. Vielleicht wurde damit auch ein neues Zeitalter des Frohsinns eingeläutet. Gerade durch den Golfkrieg hat sich gezeigt, wie unbeweglich und festgefahren, wie unpolitisch und machtlos die offiziellen Karnevalsorgane sind. Hier hat eine besondere Situation den Fastelovendsmachern die Masken runtergerissen. Es waren ratlose Gesichter, die zum Vorschein kamen. Das Volk hat die Dinge selbst in die Hand genommen, zumindest was den Straßenkarneval (die offizielle Eröffnung auf dem Alter Markt an Weiberfastnacht und später der improvisierte Rosenmontagszug) anbelangt. Ich kann nur hoffen, daß dies nun jedes Jahr passiert und dafür nicht wieder eine Ausnahmesituation erforderlich ist.

10. Vun Rievkooche un Rührei

Wie Lieder entstehen

Vom Karolingerring ging man durch ein grünes Holztor und eine Toreinfahrt. Im Hinterhof besaß Walter Bessert mit Spannmann Pitter eine kleine Karosseriewerkstatt. Wenn über Polizeifunk in der Nähe ein Unfall gemeldet wurde, rasten die beiden mit ihrem alten Opel-Blitz-Abschleppwagen los und machten

Rosenmontag 1991 vor dem Severinstor: Stunksitzungspräsident Jürgen Becker, T. E. und Marlene

Beute. Vom Hof führte eine enge Treppe in das Gewölbe eines ehemaligen Luftschutzkellers. Irgendwie erinnerte das Gemäuer an den Liverpooler »Cavern Club« in Miniaturausgabe. Bereits auf der Treppe schlug einem ein modriger Geruch von Schimmel und Feuchtigkeit entgegen. Dort unten probten wir. Zum Glück war unser Probekeller durch eine Wand mit Tür abgeteilt. Um dort überhaupt arbeiten zu können, hatten wir die Wände mit Dämmplatten isoliert, die gesamte Elektrik neu verlegt, einen Elektroofen eingebaut und einen Holzboden eingezogen. Zur damaligen Zeit waren wir richtig froh, einen halbwegs passablen Raum zu besitzen, in dem wir auch mal die Verstärker voll aufdrehen konnten. Auch wenn es kein Fenster zum Lüften gab.

Zwei- bis dreimal in der Woche trafen sich die »Stowaways«, später »Sandwich«, dort zur Probe, um neue Songs aus den englischen Charts einzuüben. Parallel lief aber schon die Arbeit als

Bläck Fööss. Die ersten vier Jahre erschienen nur Singles. Doch nach »Rievkooche Walzer«, »Drink doch eine met«, »De Mama kritt schon widder e Kind« und »Mer losse d'r Dom en Kölle« war jetzt eine LP gefragt. Klar, bis auf den »Rievkooche Walzer« kamen alle Titel auf unser erstes Album. Aber für eine LP brauchte man noch einige andere Songs. Die schrieb fast alle Erry, u. a.: »Kumm zoröck noh Kölle«, »Dat häste wirklich nit verdeent«, »Do beste fies op et Föttche jefalle« oder »Die Drei vun d'r Linie 2«. Das Lied war ursprünglich eine Auftragsproduktion der Kölner Verkehrsbetriebe. Die Musik stammte von Erry, der Vorschlag, die Melodie rhythmisch zu halbieren, kam spontan von Peter Schütten. Auch den Text hatte Erry mitgebracht, der an der Endhaltestelle der damaligen Linie P in Zündorf öfter beobachtet hatte, wie der Fahrer und seine beiden Schaffner in der Pause ihre Thermoskannen und Butterbrote auspackten oder bis zur nächsten Fahrt eine Runde Skat spielten. Dafür, daß der Text eine Auftragsproduktion war, sprach er sehr deutlich aus, was bei der KVB Sache war. Denn damals wurden gerade die Schaffner durch Maschinen (Fahrschein-Entwerter) ersetzt. Aber durch die schöne Melodie, den getragenen, melodiösen Refrain wirkte der Song doch eher versöhnlich. Selbst die KVB-Marketing-Abteilung konnte sich daher dafür begeistern, ließ einen Werbefilm auf dem Eigelstein drehen, in dem Erry, Peter und ich in einer alten Pferdebahn der 20er Jahre die »Drei vun d'r Linie 2« darstellten.

Überhaupt hatte Erry immer großen Anteil an Bläck Fööss-Liedern. Vor allem besaß er schon immer die Gabe, Ideen der Band umzusetzen. Zum Beispiel kamen Hans Knipp und Hartmut eines Tages mit der Zeile »Mir losse de Kirch em Dorf« in den Probekeller. Die Idee war nicht schlecht. Wir diskutierten darüber. Und so wurde aus der »Kirch« der »Dom« und aus dem »Dorf« einfach »Kölle« – »Mer losse d'r Dom en Kölle«. Den Text schrieb Erry später an seinem Schreibtisch im Porzer Büro des E-Werks zu Ende. Die Melodie summte er zu Hause auf ein Tonband. Als Erry damals gerade von Porz nach Langel umge-

Die Drei vun d'r Linie Zwei

zogen war, hatte der Rhein mal wieder Hochwasser und stank
fürchterlich. Ganz klar, daraus machte er »Eimol em Johr kütt
d'r Rhing us dem Bett«. Ähnlich war es mit »En unserem Veedel«. Der Text kam von Erry. Wir beide hatten auch eine Melodie dazu komponiert. Die wurde abgelehnt. Statt dessen setzten
sich Hartmut und Peter daheim hin und schrieben eine andere,
die auch auf Platte kam. Eine gute Arbeit, eine schöne Melodie.
Natürlich griffen wir früher auch auf englische Cover-Versionen
zurück. Als die Fööss-Arbeit noch nebenbei lief, hatten wir als
»Sandwich« Titel von Neil Young und »Guess Who« im Repertoire. Aus Neil Youngs »Dance, dance, dance«, in der Version
der holländischen Gruppe »Cats«, wurde »Pänz, Pänz, Pänz«.
Und aus »Busrider« von »Guess Who« entstand das Lied »Ver-
spätung«. Auch an einen Song der Beatles lehnten wir uns an.

Aus dem Text »Dr. Robert« von der LP »Revolver« entstand unser »Dr. Pillemann«. Alles Texte von Erry. Dabei sollte man nicht vergessen, daß viele Anregungen zu seinen Texten aus Hartmuts Ecke kamen.

Während ich noch die Beneluxländer bereiste, war Erry schon ein richtiger Spanien-Freak. Mit allem drum und dran: Neckermann-Flieger, Pauschalreise, Vollpension mit »Barbecue«. Als er mit dem Text vom »Spanien-Leed« nach dem Urlaub aufkreuzte, hatte er zwei Probleme in der Band. Ich wußte damals noch nicht, was »Barbecue« war, und Peter führte lange Diskussionen darüber, daß Pauschal-Flieger damals nicht von Köln-Wahn, sondern von Düsseldorf starteten und die Textzeile »Mer fleeje dann mem Neckermann vun Wahn noh Benidorm« eigentlich falsch sei. Die Probleme waren schnell ausgeräumt. Erry erklärte mir, »wat Barbecue es«. Und zu Peter meinte er: »Jung, dat mußte nit 'su eng sinn.«

Die Idee für den Titelsong der dritten LP »Bei uns doheim« kam Erry dagegen in einer Porzer Kneipe. Während er am Tisch saß, stritt sich ein Ehepaar vor versammelter Mannschaft lauthals an der Theke. Als es auch noch handgreiflich wurde, fielen Erry spontan die Zeilen ein: »Bei uns doheim, do es alles klor, dat es un bliev, wie et schon immer wor. Hammer och ens Brassel, jeiht dat keine Minsch jet aan.« Wenn man diese Vorgeschichte kennt, ein sehr ironischer Text. Aber mit der musikalischen Verpackung wurde es eine richtige Hommage an jede kölsche Famillich.

Als die Kung-Fu-Serie Mitte der 70er Jahre im ZDF mit David Carradine lief und alle Kinder auf den Straßen zu kleinen Karatekämpfern machte, schrieb Erry »Mikado«. Gleichzeitig brachte die Band in dem Text noch die Anspielung auf die beginnende Marktüberflutung japanischer Erzeugnisse ein – »Toyota, Yamaha, Akai, Heito, Jo-ho-ho-ho«.

Mit »Rita Schnell« beschäftigte sich Erry, als ihm ein Schulfreund erzählt hatte, daß ein Mädchen aus ihrer Klasse in einem Poller Hochhaus als Fotomodell arbeitete. Da ist Erry hingegangen, trank mit ihr ein Täßchen Kaffee – die klassische Form, wie ein Lied entstehen kann.

»Rollbrett« war dagegen ein Erlebnis von Hartmut. Nicht das er selbst heimlich mit Skateboard geübt hätte. Nein, in seiner Nachbarschaft hatte sich tatsächlich die Geschichte vom »kleine decke Dieter« abgespielt, der sich aus dem Bügelbrett seiner Mutter und Schwesters Rollschuhen ein Rollbrett gezimmert hatte. Die Umsetzung überließ man wieder Erry. »Rollbrett« war ein Song unserer LP »Links eröm, rächs eröm«. Auf diesem Album erschienen erstmalig auch alle Namen der Fööss als Autoren auf dem Cover. Die Änderung wurde vorgenommen, weil es Erry schon manchmal gewurmt hatte, wenn auf Karnevalsbühnen ständig Hartmut als Komponist und Autor der schönen Lieder, wie sich die Präsidenten ausdrückten, genannt wurde.

Wenn Erry 1979 nicht auf die Idee gekommen wäre, sich Löckchen machen zu lassen, wäre das Lied »Minge Frisör« vermutlich nie entstanden. Jedesmal, wenn ihm bei Regen mal wieder die Krause durchgeschlagen war, mußte er zum Frisiersalon und sich neue Locken drehen lassen. Dabei saß er stets zwischen lauter Frauen unter der Haube und lauschte den Geschichten, die sein Hairstyler erzählte.

Den LP-Song »Ich han nen Deckel« widmete er dem früheren KEC-Torwart Axel Richter, der damals gerade von Köln zu Preußen Berlin gewechselt war und ein fürchterliches Heimweh hatte. Den kannten wir aus dem »Eselchen« am Alter Markt. Mit der »Deckel«-LP hatten wir die größten Probleme. Als wir beim Vorstellabend des »Klub Kölner Karnevalisten« im Sartory unser »Weioweia« spielten, schüttelten die Leute nur noch die Köpfe. »Wat es dat dann, dat es doch kei' Karnevalsleed.« Nicht anders reagierte K. G. Breuer, bei dem wir viermal hintereinander die »Karnevalistische Hitparade« des WDR gewonnen hatten. K. G. schickte uns auch postwendend das Band zurück. »Weioweia« paßte ihm wahrscheinlich nicht in sein Konzept und in seine Vorstellung von einem Bläck Fööss-Lied. Wir zo-

gen den Schwanz ein. Es folgte der zweite Versuch: »Himmelfahrt« – »Rührei-dileidlio-Loreley-dlio-jo-un-och-dä-Loddel-
jo-dä-Loddel-jo-dä-Loddel-jo-dä-Loddel-holdrio«. Jetzt jodel-
ten die Bläck Fööss erstmalig. In Köln fand das Lied keine große
Resonanz, aber im Kreis Westerwald soll es ein richtiger Hit geworden sein.

Natürlich war auch Hans Knipp ein wichtiger Autor für die
Fööss. Ob »Meiers Kättche«, »Buuredanz«, »Linda Lou«,
»Treck noch ens dat Kleid aan«, »Jonny Jittar«, »Fünf Johres-
zigge« oder »Feschers Köbes« – alle Titel stammen aus seiner
Feder. Manchmal sprang er auch ein, wenn wir uns mit irgend-
welchen Themen festgefahren hatten. Oft gab er auch nur durch
Änderung von ein, zwei Zeilen dem Text erst den richtigen Kick.
Hans hat für die Band wertvolle Arbeit geleistet.

An der Entstehung der LP »Immer wigger« war ich so gut wie
nicht beteiligt. Von unserem Creativ-Camp in Hasborn in der
Eifel bin ich abgehauen. Eigentlich stand die Gruppe damals vor
der Spaltung. Allerdings hielt es mich nicht davon ab, den Rolli
Brings-Song »Edelweißpiraten« mit Reiner Hömig im Urlaub
zu bearbeiten. Rollis Text war ellenlang. Wir haben ihn in eine
für uns machbare Form gebracht. Später hat mir Erry die in Hasborn entstandenen Demos in seinem Wintergarten vorgespielt.
Mit einigen dieser Songs wie »Minge Drache«, »Achterbahn«
oder »Dat Wasser vun Kölle« konnte ich sofort etwas anfangen.
Weniger mit »Polterovend«, den Erry erst ganz spät an-
schleppte, weil Bömmel wieder mal ein Lied für die Karnevalssession fehlte. Trotzdem habe ich das Lied im Studio gesungen.
Obwohl die Gruppe in einer sehr kritischen Phase war, erlebten
wir in der folgenden Session einen richtigen Auftrieb im Karneval. Und das lag nicht zuletzt am Song »Dat Wasser vun Kölle«.
Die Idee kam von Hartmut, der die Werbeplakate der Gas-,
Elektrizitäts- und Wasserwerke gesehen hatte, auf denen doch
tatsächlich behauptet wurde: »Dat Wasser vun Kölle es jot«.
Erry schrieb den Text, die Musik entstand innerhalb der Band.
Bis auf den Anfangschoral, der kam von Erry. Als er in Hasborn

nachts einen im Kahn hatte, sprang er durch die Tür ins Freie, riß die Arme hoch und sang flehend zum Himmel: »Oh leever Jott, jevv uns Wasser«.

Die kommende LP »Klääve am Lääve« entstand dann bereits in getrennten Lagern. Errys Nummer »Katrin« war zunächst überhaupt nicht für die Platte vorgesehen. Ursprünglich lautete die Refrainzeile »Oh, oh, oh, Hein, ding Frau bedröch uns«. Hartmut hatte die Idee mit der Big Mäc-Verkäuferin, und ich gab ihr den Namen »Katrin«. Der Text war mehr oder weniger eine Kollage von bestehenden Schlagerklischees, den Erry erst in der EMI-Kantine vollendete. Der Titel wurde noch schnell bei Rolf Lammers im Studio eingespielt und landete im letzten Moment auf dem Album.

Auch die Melodie und der Refrain »Bye, bye my love« kamen wieder von Erry. Die Verse wurden von Erry gemeinsam mit der Gruppe erarbeitet. Auch Reiner Hömig war mit von der Partie. Begeisterung kam trotzdem nicht auf, weil eine lustige Auflösung fehlte. Dann kam die Geschichte mit dem Hunderter. Ich glaube, daß die Idee Reiner beisteuerte. Außerdem hatte man Angst, nach »Katrin« nun vollends in die Schlagerkiste abzuwandern. Erry warf man sogar vor, daß er es nur darauf anlegte, wieder in die ZDF-Hitparade zu kommen, wo wir mit »Katrin« das erste Mal gelandet waren. Wenn man bedenkt, daß die Bandmitglieder, die damals eher skeptisch auf solche Songs geschaut hatten, heute ein Lied wie »Moni hat geweint« singen, sollte man wirklich vorsichtig sein, daß die Fööss nicht schon wieder zur Hitparade nach Berlin müssen.

»Bye, bye my love« landete tatsächlich ganz oben in den deutschen Charts. Mittlerweile hat sich auch dieser Song verselbständigt. Während Willy Millowitsch bei seinem Auftritt in der Lachenden Sporthalle zu Karneval noch »Schnaps« singen muß, damit die 7000 Zuschauer »das war sein letztes Wort« weitersingen, brauchen wir nur noch das Intro von »Bye, bye my love« anzuspielen, und die Leute singen den Refrain alleine.

Vor »Bye, bye my love« hatten wir uns im Sommer 1985 auch

mit »Frankreich« in den Charts plaziert. Wochen zuvor hatten Willy, Erry, Reiner und ich den Song im EMI-Studio aufgenommen. Peter und Bömmel lehnten das Lied ab. Hartmut verhielt sich wie so oft diplomatisch-klug, zog sich mit der Einstellung »Wenn das drei Leute gut finden, könnte da was dran sein« aus der Affäre. Eine verrückte Nummer, die uns bei der Aufnahme sehr viel Spaß bereitet hat. Der Spaß wurde später nur noch von »Party-Service« überboten, den wir im Studio in der gleichen Besetzung aufgenommen haben. Trotz der internen Kritik wurde »Frankreich«, wie es Erry mal errechnete, das bislang erfolgreichste Lied der Fööss, was die Verkaufszahlen und Auskopplungen auf Samplern angeht.

Der Song war aber bereits zwei Jahre alt, als er veröffentlicht wurde. Im Sommer 1983 waren Reiner, seine Freundin Beate, meine Frau Irmgard und ich mit dem Wohnmobil frankreichmäßig unterwegs. Die Idee kam uns an einem Strand südwestlich von Bordeaux. Es war Sturm, das Wohnmobil schaukelte wie eine Barkasse, im Radio kamen dauernd Meldungen, daß die Böen von Windstärke 10 überall Bäume entwurzelten. Trotzdem hielt es uns nicht davon ab, zur Klampfe zu greifen und an Kompositionen für die Fööss zu arbeiten. Während Irmgard Gemüsesuppe kochte, spielte Reiner einen einfachen Vier-Viertel-Beat auf der Gitarre. Ein Text fiel uns nicht dazu ein. Wir blödelten einfach nur rum, ich sang irgendein Kauderwelsch-Französisch darauf. Alles um uns herum wurde eingebaut. Das Baguette, die Cigarett', die französischen Mädchennamen Claudette und Jeannette. Und als Reiner einen Break auf der Gitarre machte, war der Refrain fällig – ohne zu überlegen, sangen wir »Frankreich, Frankreich«. So einfach war das. Dieses Fragment nahmen wir auf Kassette auf. In der Nacht wurde der Sturm noch schlimmer. Wir beschlossen gemeinsam, uns in Richtung Süden aufzumachen. Wir fuhren bis nach Cannes. Da es verboten war, auf der Strandpromenade Wohnmobile zu parken, mußten wir den Wagen in einer Seitenstraße abstellen. Beate und Irmgard gingen zum Strand, Reiner und ich setzten uns in ein Straßencafé und arbeiteten an Rolli Brings »Edelweißpiraten« weiter. Als wir am Spätnachmittag zum Wohnmobil zurückkamen, war der Wagen aufgebrochen. Reiners tausend Mark Bargeld, meine Fotoausrüstung und die Papiere waren weg. Auch den Kassettenrekorder mit der Demo-Kassette von »Frankreich« hatten die Diebe mitgenommen. Ein Gutes hatte der Einbruch – dadurch kamen wir erst auf die Strophe mit dem »Kommissar«. Zwei Jahre blieb der Text danach noch in der Schublade und die Melodie in unseren Köpfen.

Generell muß man sagen, daß es zwar bei vielen Titeln eindeutig ist, wer die Idee hatte und später den Text geschrieben hat. Da wir aber auch oft im Kollektiv gearbeitet haben, ist in vielen Fällen nur noch sehr schwer nachzuvollziehen, wer was wie wo und wann zu einem Song beigesteuert hat.

Nach der getrennten Arbeit an der »Zweierlei Fööss«-LP kehrten wir bei der kommenden Langspielplatte »Endlich frei« 1987 wieder gemeinsam ins Studio zurück. Aber auch hier gab es Schwierigkeiten. »Baby, I love you« erschien zwar auf dem Album, konnte aber an die Erfolge von »Katrin« und »Bye, bye my love« nicht anknüpfen. Auch Errys Gorbatschow-Lied »Em selve Boot« wurde zumindest von Peter abgelehnt. Hinterher war man froh, daß man mit dem Titel relativ gut durch die Karnevalssession kam. Für die Bühne sehr wirkungsvoll entwickelte sich die A-capella-Nummer »Wochemaat en Kölle«. Dagegen hatten wir uns vom Lied »Wochenplan« mehr versprochen. Aber die Resonanz blieb hinter den Erwartungen zurück. Selbst im Karneval. »Endlich frei« war die vorerst letzte Studio-LP der Bläck Fööss. Danach erschienen lediglich die »Pänz, Pänz«-Kinderplatte, die Geschichts-LP »Was habst du in die Sack«, der Live-Mitschnitt vom Millowitsch-Theater »Bläck Fööss & Fründe« und unser Jubiläums-Doppelalbum. Im Herbst soll voraussichtlich eine neue Studio-LP entstehen. Für Anfang des kommenden Jahres ist ein weiteres Live-Album geplant. Wieder ein Mitschnitt aus dem Millowitsch-Theater vom April 1991. Voraussichtlicher Titel: »Zwesche Bettdooch un decke Trumm«.

Loß mer jet setze jon

Freunde

Es gibt Menschen, die man sein ganzes Leben nicht aus den Augen verliert. Zu denen zählt auch Heribert Klaes, den ich natürlich auf dem Nikolausplätzchen kennenlernte, das damals, neben den Trümmergrundstücken, Spielplatz und Treffpunkt der Sülzer Jungen war. Hier spielte sich alles ab. Die Voraussetzungen für unsere spätere Freundschaft waren denkbar schlecht. Sie begann mit einer künstlerischen Auseinandersetzung. Ich, damals selbst erst 5 oder 6 Jahre alt, führte den Kindern gerade etwas mit meinem Kasperletheater vor, das mir zu Weihnachten geschenkt worden war. Mein Vater hatte die Kulissen gemalt. Ich hatte das Puppentheater am Sandkasten aufgestellt und improvisierte mit Kasper, Räuber und Krokodil. Die Kinder waren begeistert. Bis auf Heribert Klaes, der unbedingt mitspielen wollte. Während der Vorstellung störte er mit Zwischenrufen und machte mir damit meine schönsten Pointen kaputt: »Laß mich mitmachen. Das ist falsch, das geht anders, alles verkehrt.« Ich wurde »hinger d'r Britz« stinksauer. Ich schloß den Vorhang, warf die Puppen in die Ecke, stürmte hinter meinem Theater hervor und schnappte mir den Störenfried. Wir haben uns richtig geprügelt und lernten uns so kennen.
Einer, der wie viele andere immer nur Musik machen wollte, aber davon nicht leben konnte, war Heinz Ganss, besser bekannt als »Kingsize Dick«. Heinz lernte ich im gerade neueröffneten »Cavern-Club«, unterhalb des »Balles der einsamen Herzen« an der Hohen Pforte kennen, wo er mit seiner Band »Dick & the shades« auftrat. Damals eine der bekanntesten Gruppen Kölns. Ihr Repertoire bestand in der Hauptsache aus »Searchers« und »Hollies«. Seine Stimme kam aber erst bei Soulstücken wie James Browns »This is a man's world« zur Geltung. Seinen Lebensunterhalt verdiente er aber mit Lastwagen-Fahren. Zuerst

überführte er »Mack«-Lkws von Frankreich nach Persien, später fuhr er für die Firma Harzheim einen riesigen Muldenkipper. Als sich die »Shades« auflösten, stieg Heinz wenig später bei den »Black Beats« ein, bei denen ich am Schlagzeug saß. Lange haben wir allerdings nicht zusammengespielt. Nach ein paar Monaten stieg ich aus der Gruppe wieder aus. Den Kontakt haben wir aber nie verloren. Als die Bläck Fööss 1975 einen Fahrer für ihren Bus suchten, habe ich Heinz angesprochen. Er war sofort dabei. Schließlich war er verheiratet, hatte eine Tochter und die Nase voll vom Schutt-, Sand- und Kies-Fahren. Außerdem mischte er dadurch wieder in der Musik mit. Immer häufiger bauten wir Dick in unsere Konzertprogramme ein. Nebenher hatte er noch eine Rockband mit dem Kölner Gitarristen Alex Parche, die als »Dick & Alex« mehrere LPs herausgebracht haben. Des öfteren wurde ich auch zu Sessions ins Studio eingeladen. Hier und da spielte ich Percussion, nicht zuletzt wegen der Gage, die in Naturalien ausgezahlt wurde: In Form von leckeren »Plätzchen«, die Alex für die Gruppe gebacken hatte.

Sessions ganz anderer Art fanden im »Bimbo« am Gürzenich statt. Da sind wir regelmäßig nach unseren Karnevalsauftritten versackt. Mit »Pünktchen«, wie wir damals den süßen Kirschlikör »Persico« nannten. Manchmal haben wir sogar der Wirtin Annemie, der Halbschwester von Kingsize, bis morgens früh den Keller leer gesoffen. Mit dabei war auch immer Hartmut Priess. Später stieg man dann um – vom kalten »Persico« auf heißen »Bärenfang« mit Sahnehäubchen. Und zwischendurch floß immer wieder Kölsch. Das haben wir natürlich nicht jeden Abend gemacht: Manchmal verlegten wir auch unsere Trinksessions in die »Martinstube« oder ins »Eselchen« am Alter Markt.

Dick war jedoch nicht nur unser Fahrer und gemütlicher Thekenfreund. Er war auch Seelendoktor oder Beichtvater einzelner Fööss-Mitglieder. Er selbst bezeichnete sich später einmal als »seelischen Mülleimer der Bläck Fööss«. Es gab eine Zeit, da hingen wir beide sehr eng zusammen. Das hat sich inzwischen

Kingsize Dick mit den Bläck Fööss bei einem Auftritt im Sartory bei einer (Wohltätigkeits-)Sitzung der »Drei Kölsche Junge«

geändert. Einerseits lag es an meinen Problemen in der Band. Er hing ständig zwischen zwei Stühlen. Andererseits stieg er 1985 bei den Fööss als Fahrer aus und zog allein durch die Sitzungssäle. Natürlich gibt es Musiker, die ihn wegen seiner Karnevalslieder kritisieren. Aber sollte es nicht jedem selbst überlassen bleiben, was er macht? Viele wissen nicht, daß er seinen ursprünglichen Musikambitionen treu geblieben ist. Denn durch den Karneval kann Dick Produktionen finanzieren, die er immer machen wollte. Die Karnevalspräsenz kann einem Sänger mit diesen Fähigkeiten niemals genügen. Und das bringt ihn mir wieder ein Stück näher.

Bei Aufnahmen für den WDR-Kinderfunk im Rhenus-Studio in Godorf ist mir Conny Plank das erste Mal aufgefallen. Damals saß Conny noch nicht am Mischpult, sondern im Nebenraum an einem Schneidetisch. Manchmal saß er auch am Pult, sorgte für die richtige Mikrofonierung, das richtige Aufstellen der Studiomikrofone. Und da die WDR-Bigband oft im Rhenus-Studio aufnahm, brauchte Conny nicht einmal die Mikrofoneinstellungen zu verändern, als sich eines Tages Duke Ellington mit seiner Bigband ansagte. Selbst die einzelnen Tonregler am Mischpult ließ Conny unverändert. Was dann aber über die Lautsprecher in den Regieraum rüberkam, haute Conny fast um. Die Art und Weise, wie Duke Ellington mit seinen Leuten spielte, faszinierte ihn. Und als ihm Mister Duke Ellington hinterher noch sagte: »Hey man, you're doing a good sound«, stand für ihn fest, daß er seinen eigenen Weg gehen würde und in Zukunft nur noch mit Künstlern zusammenarbeiten wollte, die ihn mit ihrer Musik überzeugten und mit der er etwas anfangen konnte. Sei es durch Verrücktheit, Originalität, Aussagekraft oder einer guten Performance. Vor allem reizte ihn alles Neue. Conny lehnte Glattes und Angepaßtes ab, für ihn mußte alles Ecken und Kanten haben. Vielleicht machte ihn seine unbeugsame Natur gerade zu einem begehrten Produzenten. Er produzierte u. a. »Kraftwerk«, »Ideal«, »DAF«, Gianna Nannini, Arno Steffen, »Eurythmics« und »Ultravox« und natürlich die »Zeltinger Band«.

V. r. n. l.: Conny Plank, Joko Jänisch, T. E. und Christa Fast, Connys Frau, in Connys altem Studio in Wolperath

Irgendwann einmal war unser damaliger Pianist Rolf Lammers gekommen und hatte uns von einem verrückten Typen erzählt, der auf einem alten Bauernhof bei Neunkirchen-Wolperath ein Studio betreibt. Es war Conny Plank. Die Bläck Fööss suchten zu dieser Zeit gerade nach einer Alternative, weil sie bis dahin nur typische Industriestudios kennengelernt hatten. Schon Jahre zuvor hatte Conny seiner Frau Christa auf einer Fahrt nach Krefeld, wo sie damals Theater spielte, beim Überholen unseres Band-Busses angekündigt: »Guck mal, die Bläck Fööss, mit denen möchte ich auch mal gerne was zusammen machen.« Wir kamen auf Anhieb gut miteinander aus. Spätestens nach der zweiten Produktion, der LP »Links eröm, rächs eröm«, wurde der Gruppe endgültig klar, daß die Entscheidung, in Connys Studio zu gehen, richtig war. Das Album verkaufte sich mehr als 300000mal. Eine Zahl, die zur damaligen Zeit für eine Dialektgruppe eine Sensation darstellte. Ein Erfolg, der aber auch nur möglich war, weil mehrere Komponenten zusammentrafen. Die

Lieder, das Gesamtkonzept und vor allem Conny. Er hatte Geschmack, war sehr einfühlsam und übte immer eine positive Ausstrahlung auf die Band aus. Außerdem ergänzte er sich gut mit Werner Dies, der damals unser Produzent und Arrangeur war. Während Werner darauf achtete, daß die Töne richtig aufs Band kamen, sorgte Conny dafür, daß wir uns nicht in Geschmacklosigkeit verirrten. Nicht zuletzt war es aber auch die ländliche Atmosphäre in Wolperath, die uns guttat. Christa, Connys Frau, bekochte uns. Beim Essen saßen wir alle zusammen am großen Tisch in der Küche, wie in einer großen Familie.

Sechs Langspielplatten entstanden bei Conny. Wichtig war für mich, daß Conny nicht nur hinter der Glasscheibe am Regiepult saß und die Regler bediente. Er gab einem auch das Gefühl, daß er immer bei dir war und mit dir litt, wenn irgend etwas mal nicht klappte. Durch die Vielfalt unserer Songs war es für mich manchmal schwierig, Personen und Charaktere vorm Mikrofon zum Leben zu erwecken, vor allem Persiflagen nicht geschmacklos billig zu interpretieren. Conny fand es auch immer gut, wenn die Band live im Studio spielte. Als die anderen im Sommerurlaub waren, erzählte ich ihm von unseren bevorstehenden beiden Konzerten im Rheinpark. Conny fand die Idee gut und rückte einen Tag vorher mit seinem mobilen Studio am Tanzbrunnen an. Die fünf waren erst überhaupt nicht von der Idee begeistert. Direkt nach dem Urlaub ohne Probe auf die Bühne und dann einen Live-Mitschnitt, das kann doch nur schiefgehen, meinten sie anfänglich. Conny ließ sich nicht abhalten. Er schnitt die beiden Tage mit. Nachdem wir die Bänder abgehört hatten, waren alle zufrieden. Auch Conny. Die LP wurde lediglich gemischt und ohne »kosmetische« Korrekturen veröffentlicht. Es wurde eine unserer erfolgreichsten Platten. Conny starb am 5. Dezember 1987 in einer Bonner Klinik an Krebs. Viel zu früh, er wurde gerade 47 Jahre alt.

Mitte der 70er Jahre saß ich am frühen Abend zufällig im kleinen Sartory-Saal. Wie ich überhaupt da reingeraten bin, weiß ich bis heute nicht. Aber irgendwie merkte ich, daß auf der Bühne gerade vom »Literarischen Komitee« des Festkomitees Nachwuchskünstler auf Karnevalstauglichkeit getestet wurden. Der Saal war fast leer. Ich saß hinten an der Türe, vorne hatten es sich einige Offizielle bequem gemacht. Auf dem Podium standen drei junge Typen, einer von ihnen Reiner Hömig, und sangen ihr Lied von der »Kaffeebud«. Ich wurde hellhörig. Der Text war witzig, der ganze Act auf der Bühne die reinste Anarchie: Lange Matten, speckiges Outfit und Stimmen wie Schmirgelpapier. Den Herren in den ersten Reihen hatte der Auftritt der Jungs wohl weniger gefallen. Der Applaus hielt sich in Grenzen. Es kann auch sein, daß ich nur allein geklatscht habe. Später erfuhr ich, daß es die »Schäntelmän« waren. Die haben danach wohl ein paar Engagements im Karneval bekommen und wurden sogar zur Steubenparade nach New York eingeflogen. Aber dieser Erfolg konnte die Auflösung der Gruppe nicht verhindern. Auch nicht ihr Hit »Flipperküning vum Eijelstein«. Eigentlich schade. Denn in den »Schäntelmän« hatte ich eine richtige Konkurrenz zu den Bläck Fööss gesehen. Die waren einfach anders drauf. Pur und unbekümmert, met nix jet am Hot. Um das Publikum richtig einzustimmen, gab Reiner Hömig auch schon mal seinen damaligen Standardwitz zum Besten: »Kennen Se dä Unterschied zweschen nem Beamte un Holz?« Antwort: »Holz arbeit!« Auch bei einer ganz prunkvollen Karnevalssitzung in Düsseldorf, wo die Stimmung bereits auf dem Nullpunkt war, packte Reiner seinen Gag aus. »Kennen Se dä Unterschied zwesche nem Beamte un Arbeit?« Als Antwort blieb nur noch »Holz« übrig. Eisige Kälte im Saal. Die Band brach vor Lachen auf der Bühne fast zusammen. Der Auftritt war auch dementsprechend kurz. Der Präsident sprach noch ein paar nette Worte des »Dankes« und verabschiedete die »Schäntelmän« danach mit einem dreifachen Düsseldorf Helau.

Reiner Hömig machte weiter Musik. Als Komponist und Texter für verschiedene Interpreten. Auch für die Bläck Fööss. 1978 erschien auf unserer »Deckel«-LP sein Titel »Kaffeebud«. Daraus entstand eine erfolgreiche Zusammenarbeit, die bis heute besteht. Seit Jahren ist er Mitinhaber des Fööss-Studios, schrieb für die Band viele Lieder oder war zumindest an der Entstehung maßgeblich beteiligt, u. a. am »Schötzefess«, »Schicky Micky«, »Huusmeister Kaczmarek«, »Schöne Hubäät«, »Achterbahn«, »Usjebomb« und natürlich an »Frankreich, Frankreich«.

Reiner war auch bei diversen Fernsehgigs dabei, mimte im »WWF-Club« auch mal den Saxophonisten auf »Bye, bye my love«. An diesem Tag hatten wir nach der Probe noch etwas Zeit bis zur Sendung. Und da es ein warmer Sommertag war, fuhren wir mit meinem kleinen roten Sportwagen zu einer Eisdiele am Ebertplatz. Wir rollten gerade über die Neußer Straße – Richtung Zentrum. Wie aus heiterem Himmel fiel mir Reiners Kurzsichtigkeit ein. Und da er mal wieder keine Brille trug, wollte ich nur mal testen, wie gut er überhaupt noch sehen konnte. Als wir gerade langsam auf ein weißes Hinweisschild zufuhren, fragte ich ihn: »Wie jot kannste eijentlich noch luure?« »Och, janz jot«, meinte er. »Prima, dann sach m'r ens, wat steit do op däm Schild?« Wie aus der Pistole geschossen, antwortete er: »Heimersdorf«. Reiner lag nicht schlecht. Der erste Buchstabe stimmte. Auf dem Schild stand »Hallenbad«.

Das »Café Fleur« an der Lindenstraße war Ende der 70er Jahre Treffpunkt vieler Musiker, u. a. auch für Holger Czukay von »Can«. Hier traf sich alles, was in Köln mit Musik und anderen Kunstrichtungen zu tun hatte. Arno Steffen, Jürgen Zeltinger, Wolf Maahn, Jacky Liebezeit schauten häufig mal vorbei. Im »Café Fleur« wurde auch die Idee vom »Kölner Paket« geboren, was eine Antwort auf die damalige Hamburger Szene sein sollte, die aber für mich nie existiert hatte. BAP war gerade am Anfang. Dagegen hatte Holger schon einige Erfahrungen hinter sich. Seine Band »Can« hatte sich längst aufgelöst, er arbeitete gerade an einem Plattenprojekt »Movies«, die musikalische Umsetzung großer Hollywood-Filme, zu denen auch die Originalstimmen von Leinwandstars wie Humphrey Bogart verwendet wurden. Holger drehte auch eigene Videos. An einem Film waren auch

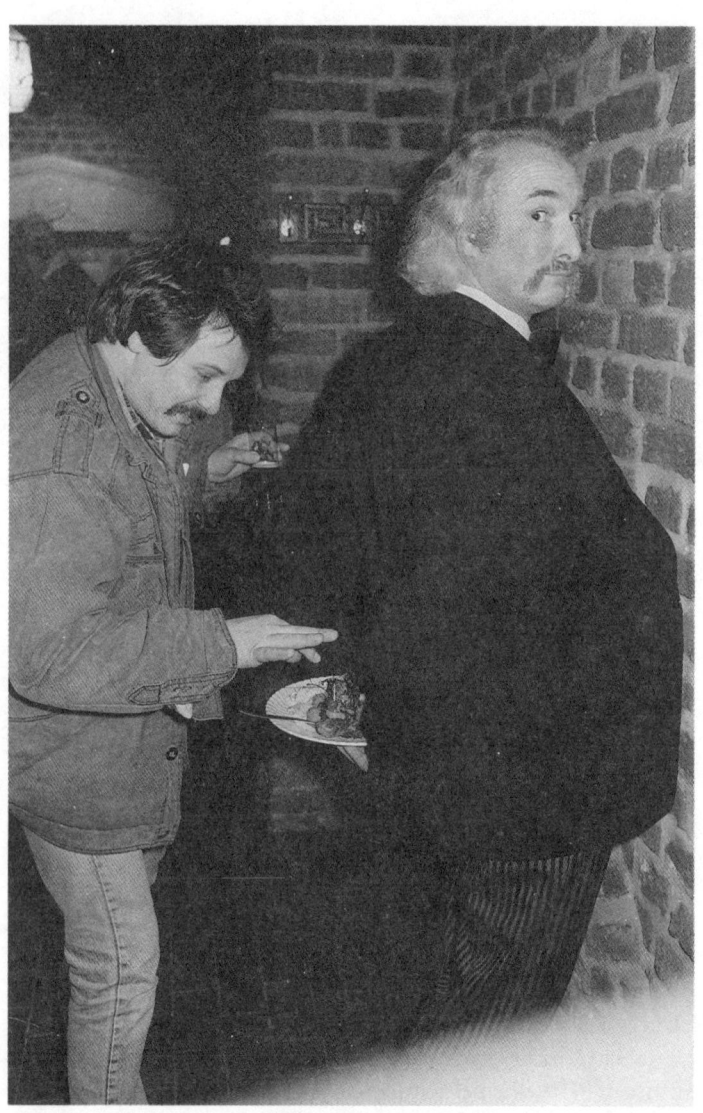

Holger Czukay bei einer langweiligen Party

die Fööss beteiligt. Titel: »Krieg der Töne«, die Geschichte eines Musiklehrers, der im Knast landet. Wir spielten damals die Band im Knast. Ganz verliebt war Holger zu dieser Zeit in sein Waldhorn. Und da Jacky Liebezeit und Conny Plank schon ganz gut Trompete spielen konnten, kaufte ich mir ein Kornett, eine kleinere Trompete. Geübt haben wir eigentlich überhaupt nicht. Aber als Holger für sein Video »Cool in the pool« im Weilerswister »Can«-Studio drehte, packten wir zum Spaß unsere Blasinstrumente aus. Es klang nicht schlecht, vielleicht eine Spur zu »experimentell«, doch danach beschlossen wir, das »1. Kölner Blas-Orchester« zu gründen. Auch nur ein Spaß. Wir haben nicht einen einzigen Auftritt absolviert.

Auch Sessions waren damals angesagt. Öfter auch in der »Linde 81« an der Lindenstraße und im »Weetshuus« an der Luxemburger Straße. Die Sessionband bestand aus Nick Knorr am Baß, Mike Gong an der Gitarre und mir am Schlagzeug. Dazu gesellten sich Jürgen Zeltinger, Ralf Engelbrecht, Joko Jänisch, Bela Pursch und Willy Schnitzler.

Die größte Session fand am 15. Dezember 1979 in den Bonner Rheinterrassen statt, wo wir zugunsten des Bonner Frauenhauses auftraten. Eine sehr bunte Mischung von Musikern. Denn mit dabei waren Holger Czukay, Rolf Lammers, Jacky Liebezeit, Jürgen Zeltinger, Dick & Alex, unser Joko Jänisch, Arno Steffen, Jürgen Fritz und Mike Gong, die damals noch als »Triumvirat« arbeiteten. Auch Conny Plank war mit von der Partie. Er saß hinter der Bühne und zog mit seiner Frau Christa stundenlang Gitarrensaiten auf. Am nervösesten von allen war Holger, der an diesem Abend nicht Baß, sondern sein Waldhorn spielen sollte. Mehrfach fragte er mich: »Wann soll ich denn kommen?« Das wußte ich auch nicht, deshalb riet ich ihm: »Wenn du meinst, jetzt müßte es sein, dann gehst du einfach auf die Bühne und spielst.« Das hat er dann auch getan. Das war einfach eine tolle Sache, die in dieser Form nur möglich war, weil wir ständig zusammenhingen. Wolfgang Niedecken ist mir das erste Mal 1976 bei einem Fööss-Auftritt in der Alten Feuerwache an der Melchiorstraße aufgefallen. Wir spielten auf einer Bühne im Freien. Wolfgang stand mit seiner Gitarre in einer Garage und sang eigene Lieder, die drei Jahre danach auf der ersten BAP-LP »BAP rockt andere kölsche Leeder« erschienen. Später habe ich ihn mal angerufen, weil ich mal wieder Probleme mit den Fööss hatte. Wir saßen in seiner Küche, tranken Tee und haben uns stundenlang unterhalten. Abends hab' ich ihn dann zu seinem Auftritt im Mülheimer Jugendpark gefahren. Bei Wolfgang hatte ich auf Anhieb ein gutes Feeling. Seitdem ist der Kontakt zu ihm nie abgerissen. Wolfgang ist trotz seines Riesenerfolgs immer der gleiche geblieben. Der ist normal geblieben, ist nicht abgehoben, läuft heute noch durchs Vringsveedel, als wäre nichts passiert. Dabei muß man zugeben, daß die Leute im Vringsveedel einfach gelassener sind. Klar, hier und da werden er oder ich mal angesprochen, aber ansonsten läuft das hier ganz cool ab.

Während die anderen Fööss-Mitglieder anfangs eher skeptisch die Geschichte BAP betrachteten, wurde das Verhältnis später normal. Ich hatte mit der Gruppe nie Probleme, fand es einfach gut, daß neben den Fööss endlich mal was tatsächlich anderes passierte. Bis dahin hatten andere Kölner Bands nur versucht, in unserem Erfolgsstrom mitzuschwimmen. Das hat BAP nie gemacht. 1986 standen wir zum erstenmal gemeinsam mit der Gruppe auf der Bühne. Wolfgang hatte uns eingeladen, bei ihren Sporthallen-Konzerten mitzumachen. Wir spielten damals gerade im Millowitsch-Theater, rasten nach der Vorstellung drei Abende lang zur Sporthalle und stimmten mit BAP »Pänz, Pänz, Pänz« und »Sporthall« an. Monate später haben Wolfgang und ich dann mit Trude den Titel »Niemals geht man so ganz« aufgenommen. Trude hatte ihren Part bereits gesungen. Als wir dann den hochdeutschen Text hörten, kam uns das Projekt eher merkwürdig vor. Da standen drei kölsche Barden im Studio und sangen hochdeutsch. Wolfgang machte den Vorschlag, den Text ins Kölsche zu übersetzen. Das hat er dann gemacht. Als wir aber im Studio die Nummer in Kölsch singen wollten, lag Trude im Krankenhaus. Wolfgang und ich haben unsere Gesangparts in

»Niemals geht man so ganz«, T. E., Trude Herr und Wolfgang Niedecken, das Bild signiert Trude mir beim Abschiedsabend in ihrem Theater

einem Kölner Studio neu aufgenommen. Obwohl Trudes Teil in Hochdeutsch bleiben mußte, hat es dem Inhalt und Gefühl des Liedes nichts an Ausdruck genommen.

Der Titel kam sogar in die Charts, was natürlich bedeutete, daß wir auch einige Fernsehauftritte zusammen bestritten. Die Frank-Elstner-Sendung »Menschen 87« in Berlin und »So isses« mit Jürgen von der Lippe. Das war überhaupt das schärfste. Denn bis dahin war es noch nie passiert, daß ein Künstler im deutschen Fernsehen die Regie übernimmt und während der Sendung bestimmt, was nun gemacht werden soll. Als die Leute nach dem Song »Niemals geht man so ganz« Zugabe verlangten, gab sie dem Regisseur kurzerhand die Anweisung »Jung, loß dat Band noch ens laufe« und schleuderte dabei ihre Schuhe ins Publikum. Die Kameras blieben tatsächlich an, der Song ging ein zweites Mal über den Sender.

Kurz nach Karneval 1989 grübelten wir in der Eifel über unser neues Millowitsch-Programm. Ein Jahr zuvor hatte ich mit Wolfgang schon über gemeinsame Auftritte bei Millowitsch gesprochen. Leider war es zeitlich nicht machbar. 1989 klappte es. Unser Pianist Willy Schnitzler, der früher einmal mit BAP-Gitarrist Klaus Heuser im »Whisky Bill« und bei den »Screamers« zusammengespielt hatte, sprach Klaus bei einem gemeinsamen Benefiz-Konzert in einem Zelt auf dem Offenbachplatz an. Klaus und Wolfgang sagten zu. Wir überlegten, was man zusammen machen könnte. Es sollte ein Querschnitt sein. Aus der Frühzeit von BAP wurde die »Querjestriefte Frau« und die Ballade »Do kanns zaubere« ausgesucht. Hinzu kam »Time is Cash, time is money«, den BAP wegen ihres »Kegelclub-Chors«, so Originalton Wolfgang, aus ihrem Live-Programm gestrichen hatten. Zur Probe im Keller des Ehrenfelder Kolpinghauses erschien Wolfgang auch mit der kölschen Übersetzung von John Lennons »Imagine«. Drei Wochen lang waren die beiden dabei. Wenn Wolfgang abends mit dem Fahrrad am Millowitsch-Theater ankam, meinte er schmunzelnd: »Dat es richtig schön, endlich han ich en gerejelte Arbeitszick.« Auch Klaus Heuser machte es offensichtlich Spaß, wenn er nach dem Gig jeden Abend gemütlich beim »Griechen« gegenüber dem Millowitsch-Theater bei Kölsch und Ouzo sitzen konnte. Das daraus eine LP entstand, war reiner Zufall. Unser Mann am Mischpult, Matthes Becker, hatte unbemerkt eine 16-Spur-Maschine aus seinem Studio mitgebracht und die Auftritte mitgeschnitten.

Im Juni '89 revanchierten wir uns bei Klaus und Wolfgang. Denn zum 10. Geburtstag von BAP auf den Uni-Wiesen hatte die Band neben den Scorpions, Udo Lindenberg und der Zeltinger-Band auch die Fööss eingeladen. Vor dem Auftritt hatte ich schon ein bißchen Bammel. Schließlich war es eine ausgesprochene BAP-Fete. Doch nach der Ansage wurden wir von den 30000 Leuten richtig gefeiert.

Im letzten Jahr kam es zur vorerst letzten Zusammenarbeit. Ursprünglich wollten wir für unsere Jubiläums-LP »Et es 20 Johr jenau jetz her« das Sgt. Pepper-Intro der Beatles nehmen, mit einem kölschen Text. Doch EMI-Chef und Freund Helmut Fest nahm uns den Wind aus den Segeln und erklärte, daß es durch das Verlagswirrwarr fast unmöglich wäre, die Rechte zu bekommen. Klaus Heuser komponierte einen neuen Song, Wolfgang schrieb den Text dazu. Wir wußten auch sofort, wer das Lied singen sollte. Eigentlich sollte auch Trude dabeisein, aber sie war zu dem Zeitpunkt schon auf den Fidschi-Inseln. Und so kam eine einzigartige Konstellation zustande, die das »Bläck Fööss-Band«-Intro sang. Das Dreigestirn: Willy Millowitsch, Wolfgang Niedecken und Jürgen Zeltinger. Das war schon ein Erlebnis.

Wenn man mit Musik zu tun hatte und sich in diversen Lokalitäten auskannte, dann kannte man auch zwangsläufig Jürgen Zeltinger. Er hatte zwar harte Fäuste, aber ein Herz für Musik. Jürgen besuchte mich auch mit seinem Freund Josef Schilling im Star-Club, als ich dort Mitte der 60er mit den »Black Birds« spielte. Danach haben wir uns über Jahre aus den Augen verloren, als ich zu der Band »Guys & Doll« ins Bergische Land wechselte. Erst bei unserem ersten Konzert-Gehversuch im alten »Senftöpfchen« an der Pipinstraße, zu dem uns »Senftöpfchen«-Chefin Alexandra Kassen Mitte der 70er Jahre erst regelrecht überreden mußte, traf ich ihn wieder. Ich stand in der Pause meist an der Theke. Plötzlich ging die Tür auf, und Jürgen stand mit seinem Freund Schilling im Rahmen. Die wollten ihn erst gar nicht reinlassen, weil er schwer alkoholisiert war. Er kam erst rein, als ich dem Türsteher signalisiert hatte, daß es okay sei. Aber da ich noch die zweite Konzerthälfte vor mir hatte, verabredeten wir uns im »Café Wüsten« an der Hohen Pforte. Nach dem Konzert haben wir dort Wiedersehen gefeiert. In der Zwischenzeit war viel passiert. Jürgen hatte auch immer davon geträumt, von der Musik zu leben. 1968 war er als Sänger bei der Gruppe »Circle line« eingestiegen. Zwei Jahre später hatte Jürgen mit Gitarrist Peter Gramen, Bassist Peter Linden und Schlagzeuger Werner Faust, der heute bei den »Lords« trommelt, die Hard-

rockband »Stonehedge« gegründet. Die hatten zwar ganz gut zu tun, aber von den Gagen konnte man gerade mal essen und trinken. Deshalb wohnte er damals noch bei seinen Eltern. Not macht bekanntlich erfinderisch. Doch Jürgen war nicht nur das, er sprudelte regelrecht vor Spontaneität, wenn es darum ging, ein paar Mark nebenbei zu machen. Einmal saßen wir im alten »Peppermint« an der Zülpicher Straße mit Freunden an der Theke. Wie aus heiterem Himmel hechtete Jürgen plötzlich nach draußen. Niemand wußte, worum es überhaupt ging. Wir sind ihm sofort hinterher und wurden Zeuge einer filmreifen Szene. Denn vor der Türe hatte ein junger Typ mit seinem Wagen versucht, einzuparken. Dabei hatte er ein geparktes Auto gerammt. Der Blinker war kaputt. Jürgen überlegte nicht lange und schlüpfte sofort in die Rolle des geschädigten Autobesitzers: »Wat häste dann do jemaat. Bes de verröck'? Mi schön Auto.« Völlig verschüchtert fragte der Typ nach: »Müssen wir denn die Polizei rufen?« »Kütt drop aan«, gab sich Jürgen zunächst verständnisvoll. »Dat koss bestemp zwei Scheine!« Der Autofahrer zückte sein Portemonnaie, zählte nach und holte seine letzten 40 Mark raus. »Mehr hab' ich aber nicht.« Jürgen ging gönnerhaft darüber hinweg: »Jevv her, es en Ordnung. Ävver paß' beim nächste Mol e beßje besser op. Tschöh.«
Ende '78 gründete Jürgen die »Zeltinger-Band«. Mit dabei war weiterhin Peter Gramen, dazu kamen Ralf Engelbrecht an der Gitarre, Norbert Zucker am Baß und anfänglich noch Ex-»Can«-Drummer Jacky Liebezeit, der später von Kai Wolf am Schlagzeug ersetzt wurde. Bei einer Fete im alten »Roxy« traten Peter Gramen, Arno Steffen und Jürgen mit Akkustikgitarren auf. Horst, der Besitzer des legendären »Roxy«, war begeistert und wollte das Konzert zu Karneval wiederholen. Zeltinger hatte zwar dazu keine Lust, wollte aber mit der ganzen Band und kompletter Anlage doch noch mal auftreten. Das wurde festgemacht, und sofort begannen die Jungs mit ihren Proben im Keller unter der Kneipe »Linde 81« an der Lindenstraße. Irgendwann habe ich auch mal vorbeigeschaut und war sehr beein-

Beim legendären Live-Konzert im alten »Roxy«, Jürgen Zeltinger und T. E.

druckt, wie das abging, welchen Druck die Kapelle machte. Jürgen lud mich zu der Session ein. Arno Steffen muß von dem bevorstehenden Gig dann Conny Plank erzählt haben. »Wenn dä fädije Zeltinger da singt, muß ich unbedingt mit meinem Equipment vorbeikommen«, soll Conny damals spontan gesagt haben. Das hat er auch gemacht. Im Keller baute Conny sein Mischpult und die 24-Spur-Maschine auf. Und so entstand die erste Zeltinger-LP, die live eingespielt wurde. Für mich heute noch eine der besten. Das war Rock 'n' Roll pur. Mit der Platte war die Zeltinger-Band über Nacht in ganz Deutschland bekannt geworden.

Sein Markenzeichen ist seine abgegriffene, schwarze Schirmmütze. Sein Wahlspruch: »Mer müsse jet Liem anrühre.« Womit er nichts anderes meint, als Geschäftsbeziehungen zu pflegen.

Wenn man Volker Rohde charakterisieren wollte, dann fängt man am besten mit seinem Äußeren an. Schmal, fast 1,90 lang, leichter Bauchansatz, der aber geschickt unter einem Adler-bedruckten »Harley Davidson«-T-Shirt, Größe »XXL«, kaschiert wird. Der kleine Bauch kommt aber nicht vom Biertrinken. Volker ist überzeugter Antialkoholiker. Aber dem Eis von »van der Putt« am Südfriedhof kann er genauso wenig widerstehen wie diversen anderen Süßigkeiten. Zudem verrät seine schwarze Lederhose und Lederjacke, daß er ein ausgesprochener »Harley«-Freak ist. Volker lernte ich bei einer Besichtigung des Wasserturms an der Kaygasse kennen. Dort hatte er seine Firma »Kayjass Nr. 0«, wo er Acrylglas verarbeitet und eine Neon-Glasbläserei betreibt. Wir verstanden uns vom ersten Moment an. Er besitzt eine urige, natürliche Art, eine herzerfrischende Spontaneität und ist immer in Aktion. Volker kann sich wie ein Kind freuen, wenn er auf seiner alten amerikanischen Feuerwehr durch die Stadt fährt. Obwohl Volker seine Firma inzwischen vergrößert und nach Porz verlegt hat, ist er immer noch flexibel geblieben. Wenn z. B. erst Tage vor unserer Premiere im Millowitsch-Theater Klarheit darüber herrscht, wie das Bühnenbild auszusehen hat, dann ist Volker zur Stelle. Jede andere Firma würde uns für verrückt erklären. Er macht es einfach. Auch in diesem Jahr. Innerhalb von drei Tagen hat er die Kulisse »Zwesche Bettdooch un decke Trumm« mit den beiden Neon-Masken fertiggestellt. Die Freundschaft geht sogar soweit, daß er uns im letzten Jahr für die Vorbereitung aufs Millowitsch-Theater sein Wochenendhaus in der Eifel kostenlos zur Verfügung stellte. Mit Volker teile ich auch eine Leidenschaft – die Vorliebe für Oldtimer. Wenn die Sonne scheint, holen wir unsere Cabrios aus der Garage und fahren zusammen. Volker in einem 53er MG-TD und ich in meinem roten MGA, Baujahr 1960. Manchmal nehmen wir auch an diversen Oldtimer-Treffen auf dem Nürburgring oder an der jährlichen »Graf Berghe von Trips«-Gedächtnisfahrt in Kerpen teil.
Mit dabei ist auch immer Züppi, bürgerlich Siegfried Stellberg,

der von seiner Mutter Luise wegen seines manchmal leicht schwankenden Ganges gerne »Seemann« genannt wird. Wenn irgend jemand etwas am Auto hat, dann ist Siegfried zur Stelle oder repariert den Wagen auf dem Rösrather Bauernhof seiner Mutter. Züppi ist gelernter Radio- und Fernsehtechniker, aber ein Typ, der sich an alles rantraut, weil er im Prinzip auch alles kann. Mitte der 6oer Jahre, als ich bei »Guys & Doll« spielte, lernte ich ihn kennen. Der hatte damals schon ein Faible für verrückte Autos, besitzt noch heute u. a. ein »Kleinschnittger«-Cabrio aus der Nachkriegs-Kleinwagen-Ära, das wir sogar vor Jahren mal im Millowitsch-Theater beim Song »Mi Auto« eingesetzt haben. Das Cabrio habe ich mit Züppi, Volker und unserem Techniker Uwe Spraffke durchs Theater auf die Bühne getragen. Das Auto stand bis zu dem Lied in der Kulisse. Uwe hat mich dann auf Punkt im Cabrio auf die Bühne gerollt. Vor vielen Jahren habe ich mit Züppi mal eine Abmachung getroffen. Wenn einer von uns mit dem Auto irgendwo mal liegenbleibt, und sei es in Italien, dann ist der andere zur Stelle. Das gilt auch für seine Freundin Ricki. Einmal bin ich mit ihm nach Italien gefahren. Ich bin zwar nicht der Typ, der sich grundsätzlich stundenlang in die Sonne legen muß, aber ein bißchen braun will man ja schon werden, wenn man im Süden ist. Was sollen die Leute denken, »wemmer wieß wie ne Kalkemmer heim kütt«. Damit hat Züppi keine Probleme. Wenn ich am Strand lag, saß er meist draußen in einem Strandpromenadenlokal im Schatten. Dabei muß man wissen, daß Züppi ungern allein sitzt bzw. trinkt. Nach einem Sonnentag machte er mir abends beim Essen klar: »Morje jehste ävver nitt en de Sonn, morje dummer e beßje zosamme setze jon.« Was das bedeutet, kann nur jemand nachfühlen, der Züppi einmal »beim setze jon« erlebt hat. Zugegeben, es wurde nie langweilig. Bis heute konnten wir aber nie klären, wer wen danach abgestützt und nach Hause gebracht hat. Züppi ist auch »schuld« daran, daß wir, und das sind Wolfgang Niedecken, seine Freundin Tina, Bömmel Lückerath, Willy Schnitzler, Jürgen Zeltinger und ich, inzwischen den Motorradführerschein ge-

V.l.n.r.: Peter Müller, August Engel, Züppi

V.l.n.r.: Volker Rohde, Rolf Lammers und T.E.

macht haben. Der hat uns solange vom Motorradfahren vorgeschwärmt, bis wir alle so heiß waren, daß wir uns gemeinsam mit ihm und seiner Freundin Ricki bei der Fahrschule anmeldeten. Züppis Motto: »Wat mer hätt, dat hätt mer. Mer weiß nie, wofür mer et ens bruche kann.«

Als Elvis im August 1977 starb, brach für Ferdi Fulgraff eine Welt zusammen. Dem ging es wie mir, als John Lennon starb. Ferdi war für mich immer einer der größten Elvis-Fans. Der hatte nicht nur alle Platten von ihm im Schrank, der hatte auch den bekannt lockeren Swing-Gang drauf und machte immer den Eindruck, als ob er gerade dabei war, die Straße auszumessen. Ferdi ist wie ich ein richtiger Sülzer Jung, der kannte mich schon von klein auf. Damals war er mehr mit meinen Brüdern zusammen, was daran lag, daß er zehn Jahre älter ist als ich. Wenn es in Sülzer Kneipen früher mal Ärger gab, ließ Ferdi mit meinen Brüdern nichts anbrennen. Später, als ich verheiratet war und wieder in Sülz wohnte, haben wir uns erst richtig kennengelernt. Ferdi, der Installateur ist, hat uns auch die gesamte Heizung in die Sülzer Wohnung gelegt. Während des Umbaus habe ich ihn mal mit seinem Arbeitskollegen Heinz Schmitz zum Griechen auf der Sülzburgstraße eingeladen. Danach war Baustopp. Denn aus dem kleinen Essen wurde ein dreitägiger Kneipenzug im Blaumann. Ansonsten putzte sich Ferdi, der breit ist wie ein zweitüriger Kleiderschrank, immer richtig raus, wenn er ausging. Immer flockig gekleidet, die Haare föhngestylt. Manchmal treffen wir uns noch in Sülz in der »Kleinen Kneipe« und trinken einen. Er ist bedeutend ruhiger geworden. Diese dreitägigen Kneipentouren sind heute nicht mehr möglich. Wenn er am Wochenende frei hat, steh' ich meist auf der Bühne. Außerdem hat er mit seiner ersten Frau Kläre zwei mittlerweile erwachsene Kinder, und mit Elfi, seiner jetzigen Frau, noch zweimal Nachwuchs bekommen. Seine neue Leidenschaft steckt mittlerweile in einem kleinen Schrebergarten im Grüngürtel.

Arno Steffen ist nie mit dem Strom geschwommen. Nicht nur das, er hat immer gegen den Trend gearbeitet. Wenn er an ein neues Projekt rangeht, denkt er nicht an Verkaufszahlen. Nur zu vergleichen mit Conny Plank, der grundsätzlich nur das machte, wo er hinterstand, was er auch tatsächlich machen wollte. Das müssen nicht nur verrückte oder abgedrehte Dinge sein. Arno hat ein ausgesprochen gutes Verhältnis zu gutgemachter Musik. Dazu zählt auch seine Vorliebe zu einer bestimmten Art von Country-Musik, wie z. B. das Trio Linda Ronstadt, Emilou Harris und Dolly Parton, wenn sie von Jim Keltner, David Lindley und Ry Cooder begleitet werden. Auch Arno hat ebenfalls eine besondere Art, Gitarre zu spielen. Eigenwillig und nicht zu kopieren. Auch seine Kompositionen und Texte zeigen seine Vielseitigkeit. Vom »Müngersdorfer Stadion« auf der ersten Zeltinger-LP, über sein »Alles supergut, ne«, bis hin zum »Tor für Deutschland« mit der Stimme des legendären Rundfunkreporters Herbert Zimmermann. Bei unserem Projekt, nennen wir es einfach mal »L. S. E.« (Lammers, Steffen, Engel) kommt zudem deutlich raus, daß Arno auch gefühlvolle Balladen komponieren und spielen kann. Wenn ihn Kritiker meist als »Soundtüftler« oder ähnlich bezeichnen, dann kann er nur schmunzeln. Diese Leute kennen ihn einfach nicht. Wer weiß schon, daß gerade Arno wertvolle Arbeit an der Kölner Musikbasis leistet. Der holt sich nicht etwa erfolgversprechende, kommerzielle Gruppen ins Studio, der hilft jungen Leuten, die etwas Eigenes, etwas Neues machen. Bands wie »Montana Blue«, »Crazy Sex Idiots«, »Paint The Town« oder »Speedway Jesus«. Außerdem produziert er seit 1990 jedes Jahr den sogenannten »Köln-Sampler«. Arno würde niemals mit einem Dieter Bohlen tauschen. Höchstens das Bankkonto. Auch privat ist er ein eigenwilliger Mensch. Deshalb ist es auch nicht einfach, mit ihm immer klarzukommen. Auch wir haben schon mal bei der Arbeit Probleme miteinander, aber wir können immer darüber reden. Tauchen Schwierigkeiten auf, werden sie im Gespräch ausgeräumt. Er ist ein musikalischer Ästhet.

Rolf Lammers hatte schon in verschiedenen Bands gespielt, als er im Herbst 1973 bei den Bläck Fööss einstieg. »Personalchef«

Erry hatte ihn beim »Whisky Bill« beobachtet, als er noch bei den »Whisky boys« spielte. Mit Rolf kam ich sofort klar. Wir waren auf einer Wellenlänge. Schon damals bewies er seine Vielseitigkeit, als er vom »Rondo« der englischen Gruppe »Nice« nahtlos auf Knipps »Meiers Kättche« umstieg – von der Hammond an die Quetsch. Ein halbes Jahr nach seinem Einstieg, im April '74, wurde er von den Fööss freigestellt, als er mit dem Orchester Kurt Edelhagen fünf Wochen auf Rußland-Tournee ging. Knapp drei Jahre später, am 17. Februar 1977, stieg er bei den Fööss wieder aus. Wie er selbst heute noch sagt, stand sein Ausstieg »im Zusammenhang mit dem spät-sozialistischen Einheitsprinzip einer Fraktion der Bläck Fööss«. Zwar wäre dies das Pro der Band, aber auch ihr Problem. Eine konsequente Entscheidung, zumal Rolf damals ein dreiviertel Jahr ohne Job dastand. Danach verdiente er als Studiomusiker seine Brötchen und war später zwei Jahre lang der musikalische Leiter von Howard Carpendale. Bei seinen Erfolgssongs »Ti amo« und »Hello again« saß er natürlich an den Keyboards. 1982 wollte Rolf nur noch als Produzent arbeiten. Und da die Studios von Dieter Dierks und Conny Plank bis zum Jahresende ausgebucht waren, suchte er ein großes Haus in Brück, in dem er ein eigenes Studio eröffnen wollte. Rolfs Vater schlug vor, seinen Schulfreund Fritz Welter zu fragen, der weltweit Tonstudios baute. Fritz sah sich das Haus an, rechnete die Kosten aus, machte aber Rolf einen anderen Vorschlag. Denn in seiner Firma am Bonner Wall standen riesige Kellerräume leer. Fritz Welter baute das Studio, Rolf sollte für die Musikproduktionen verantwortlich sein. Der Anfang einer sehr erfolgreichen Zusammenarbeit. Denn schnell hatte sich ihr »Mascot«-Studio in der Branche einen guten Ruf gemacht. In den kommenden Jahren hatte er das Haus voll. Bei ihm produzierten Howard Carpendale, Nino de Angelo, die Toten Hosen, Mauricio Kagel, Charlie Mariano, Purple Schulz, die Zeltinger-Band. Auch drei LPs der Bläck Fööss entstanden am Bonner Wall. Zudem produzierte er noch drei Langspielplatten für die Höhner. Und nebenbei mischte Rolf auch noch als Keyboarder mit, u. a. bei drei Zeltinger-Alben und bei der erfolgreichsten Gianna Nannini-LP »Profumo«, die erste Rockscheibe, die in Italien Platin machte. 1990 starb Fritz Welter, inzwischen ist das Firmengebäude am Bonner Wall an eine Installationsfirma verkauft worden. Vor Monaten mußte Rolf das Studio räumen. Jetzt sucht er nach einem Haus, in dem ein neues Studio eingerichtet werden soll. Rolf ist ein Mensch, der keine Angst hat, etwas Neues zu machen. Der bleibt nicht im gemachten Bett liegen, hält nicht an einer Arbeit fest, nur weil sie erfolgreich ist. Er ist nicht festgefahren, sehr gefühlsbetont und herzlich. Nach seinem Ausstieg bei den Fööss blieben wir immer in Kontakt. Deshalb war es auch logisch, daß wir irgendwann mal wieder etwas zusammen machen.

Hasborn, Daun, Shabalalas-Jupp, Mandela und Trude

Die ersten fünf Jahre wurde an neuen Songs in den eigenen vier Wänden in Köln und Umgebung gearbeitet. Entweder bei Erry, bei Bömmel oder bei Rolfs Eltern im Keller. Bei einem Wochenendtrip übernachtete Bömmel mal in der Hasborner Mühle in der Eifel. Als wir an der dritten LP »Bei uns doheim« arbeiten wollten, beschloß man sich zurückzuziehen, um ungestört am kommenden Album zu arbeiten. Bömmel schlug die Hasborner Mühle vor. Die alte Mühle lag in einem Waldstück im Tal, idyllisch an einem Bach. Dieser Platz wurde in den folgenden Jahren unser »Kreativ-Camp«. Wir bewohnten ein Nebenhaus, das zwar neugebaut, aber im Stil und Bruchsteinmauerwerk der Mühle angepaßt worden war. Auch ein Schwimmbad, eine Sauna und ein Restaurant gehörten dazu. Es war dort herrlich ruhig. Bis auf einige Tiefflieger, die »Scheinangriffe« auf die

Mühle flogen. Bei schönem Wetter saßen wir draußen an einem großen runden Tisch und arbeiteten zusammen. Wollte jemand mal zwischendurch alleine sein, konnte er sich in die einsamen Wälder verdrücken und kilometerweit laufen, ohne eine Menschenseele zu treffen.

Auch die Mahlzeiten wurden gemeinsam eingenommen. Salvatore, der später die Restauration übernahm, kochte abends für uns und sorgte für reichlich Abwechslung im Speiseplan. Meist fuhren wir im April oder Mai nach Hasborn. Ab und zu schauten auch mal andere Gäste vorbei. Aber zu dieser Jahreszeit verirrte sich kaum jemand dorthin. Als Joko noch dabei war, wurde immer einer von uns ausgeguckt, der sich mit ihm ein Zimmer teilen mußte. Auch ich hatte das Vergnügen. Man konnte kaum ein Auge zudrücken. Joko sägte in jeder Nacht den kompletten Baumbestand der umliegenden Wälder ab. Selbst mittags schnarchte er noch. Irgendwann habe ich dann mal einen Kassettenrekorder mitlaufen lassen und ihm die Aufnahme später vorgespielt. Er ist danach freiwillig in unser Instrumentenzimmer umgezogen.

Vor dem gemeinsamen Frühstück joggten Peter und Bömmel meist durch den Wald. Ich zog es dagegen vor, mit meinem kleinen Suzuki-Geländewagen Touren zu unternehmen, besuchte morgens eine Glockengießerei oder fuhr zum Totenmaar, ein kleiner See in der Vulkaneifel, von dem es heißt, daß dort in grauer Vorzeit ein Dorf versunken sei. Um Mitternacht würde in der Tiefe immer noch die Glocke der Kapelle läuten.

Es wurde natürlich nicht nur gearbeitet. Wenn wir mal wieder unter Leute wollten, fuhren wir nach Wittlich oder in den Ort Hasborn ins Hotel Thomas und kegelten gegen die Kneipengäste: Bläck Fööss gegen Hasborn. Am letzten Tag wurde meist noch ein Pfadfinder-Abschlußabend mit Lagerfeuer am Bach gemacht. Alle saßen um das große Feuer, grillten ein bißchen und tranken Bier und Rotwein.

In Hasborn wurde komponiert, getextet und diskutiert. An eine Diskussion kann ich mich noch sehr genau erinnern. Es ging um den Song »Schwemmbad«, genauer um die Refrainzeile »Schwemmbad, kumm mer jon en't Schwemmbad«. Ich war der Meinung, daß dieses »en't« grundsätzlich falsch und darüber hinaus schlecht zu singen war. Es muß »en et Schwemmbad« heißen, schlug ich vor. Rund zwei Stunden wurde darüber diskutiert. Die Erlösung kam in der Person von Joko, der an der Diskussion erst gar nicht teilgenommen hatte. Als er die Tür öffnete, wurde er von uns regelrecht überfallen: »Joko, wie heiß dat. En't Schwemmbad oder en et Schwemmbad?« Joko schaute an die Decke, überlegte kurz und antwortete: »Mer jo em Schwemmbad!« Alles brach zusammen. Die Diskussion war schlagartig beendet. Dank, Joko. Nachzutragen wäre, daß wir später auf der LP »en et Schwemmbad« gesungen haben.

Einer, der die Gruppe schon damals zusammenhielt, war Peters Boxer »Danny«, den er oft nach Hasborn mitnahm. Wenn wir uns ab und zu in Zweiergruppen im Wald oder am Bach zurückzogen, titschte »Danny-Boy« richtig im Dreieck. Er lief ständig zwischen den einzelnen Gruppen hin und her und war erst beruhigt, wenn er sein Rudel wieder zusammen hatte.

Das zweite Domizil war neben Hasborn der Ferienpark Daun, ebenfalls in der Eifel. Der Kontakt kam über Fortuna Köln und Hans Löring zustande. »Dä Schäng« hatte uns zur Eröffnung engagiert. Wir spielten unter der Treppe des Hauptgebäudes, in dem Rezeption, Restaurant, Bar und Schwimmbad untergebracht waren. Die Anlage bestand aus zahlreichen Bungalows, die überwiegend an einem Hang am Wald lagen. Eine Alternative zu Hasborn. Trotzdem sind wir im Frühjahr '78 erst wieder in die Mühle gefahren, um dort an der »Deckel«-LP zu arbeiten, auf der wir die meisten Titel selbst einspielen wollten. Von nun an wechselten wir zwischen Hasborn und Daun, wo wir uns speziell auf die Millowitsch-Konzerte vorbereiteten.

Dort entstand z. B. die A-cappella-Fassung von Grönemeyers »Männer«. Hansjürgen Rosenbauer hatte eine Fernsehsendung zu Vatertag produziert. Wir waren mit dem Video »Himmelfahrt« dabei, das Regisseur und Freund Dieter Hens zuvor mit uns im Königsforst gedreht hatte. In dieser Sendung traten auch zwei Männerchöre auf: der 1. Kölner Schwulen-Chor »Traviatas« und der große Klöckner-Humboldt-Deutz-Chor. Beide Chöre interpretierten auf unterschiedlichste Art den Grönemeyer-Song. Hartmut kam auf die Idee, aus beiden Fassungen eine neue, für uns singbare Version zu machen. Ein Jahr später setzten wir noch einen drauf. Als ich mit Wolfgang Niedecken bei Grafiker Adam »Baggi« Backhausen am Cover für »Fööss & Fründe« arbeitete, spielte er mir Grönemeyers holländische »Männer«-Version vor: »Mannen tappen Moppen«, übersetzt »Männer erzählen Witze«. »Baggi« überspielte mir das Lied auf Kassette. Das Band spielte ich der Gruppe dann bei der Vorbereitung zum 90er-Millowitsch-Konzert vor. Wir veränderten nicht viel, stellten ein paar Sätze um, fügten einige verrückte Begriffe hinzu und hatten eine kölsch-holländische Fassung, die selbst bei Konzerten in holländischen Grenzstädten wie Kerkrade und Winterswyk die Fans zum Schmunzeln brachte.

Auch die Idee, den A-cappella-Song »Homeless« von der Gruppe »Ladysmith Black Mambazo« zu singen, stammte von Hartmut. Er kannte den deutschen Korrespondenten Paul Schumacher, der in der südafrikanischen »Spiegel«-Redaktion arbeitete und ihm einige Platten von afrikanischen Folkgruppen geschickt hatte. Darunter war auch eine LP von »Ladysmith Black Mambazo«, die auch auf dem Paul Simon-Album »Graceland« mitgewirkt hatten. »Homeless« haben wir im Original in Zulu und Englisch gesungen. Ein Jahr später machten wir aus dem »Ladysmith«-Titel »Hey baby (kiss me, nice, nice)« »Hey Mädche (bütz mich, heiß, heiß)«. Die Übersetzung ins Kölsche schrieb Hans Knipp, sie wurde von uns nur geringfügig verändert. Nach anfänglichen Startschwierigkeiten – wir mußten uns erst mal daran gewöhnen, daß die Bläck Fööss nun Zulu sangen – machten uns die Proben an »Homeless« nachher richtig Spaß. Wahrscheinlich sorgten diese beiden Lieder dafür, daß uns der WDR erstmalig zum Internationalen Folkfestival auf dem Roncalli-Platz einlud. Und da »Ladysmith Black Mambazo« dabei sein sollten, war ein gemeinsamer Auftritt naheliegend.

Zumal »Ladysmith«-Leadsänger Joseph Shabalala unsere kölsche Version von »Hey baby« gehört hatte. Obwohl er kein Wort verstand, gefiel ihm die Sprache und die Art, wie wir sein Lied sangen. Als »Ladysmith« gerade zu Auftritten in Europa waren, arrangierte man zum »Beschnuppern« ein Treffen im »Früh am Dom«. Joseph Shabalala, sein New Yorker Manager, einige WDR-Redakteure, unser Techniker Matthias Becker und ich saßen im Brauhaus zusammen. Ich unterhielt mich mit Joseph zum Teil mit Händen und Füßen, weil mein Englisch nicht ausgesprochen gut ist und Joseph kein Wort Deutsch sprach. Aber wir verstanden uns. Zum Abschied wurde noch ein Trikottausch vorgenommen. Ich bekam ein wunderbares schwarzes Sweatshirt ihrer letzten Tournee. Und Matthias besorgte noch schnell für die komplette Gruppe unser »Fööss & Fründe«-T-Shirt.

Monate später, am 11. August 1990 war es soweit. Eine Bullenhitze, 45 Grad in der Sonne, kein Lüftchen ging auf der Bühne vor dem Südportal des Kölner Doms. Zunächst sangen wir einige Stücke aus unserem Repertoire. Als wir »Homeless« anstimmten, kam der große Augenblick. Singend und tanzend kam die ganze Gruppe auf die Bühne. Ich erinnere mich noch ganz genau an die Publikumsreaktion. Viele haben wirklich auf diesen gemeinsamen Auftritt der beiden Gruppen gewartet. Das war für alle Beteiligten ein großes Erlebnis. Einen Tag später haben die Fööss das Konzert von »Ladysmith Black Mambazo« in der Christus-Kirche an der Herwarthstraße besucht. Mir haben die Jungs richtig leid getan. Eine unerträgliche Hitze in der Kirche. Ohne sich zu bewegen, lief einem schon das Wasser den Rücken runter. Als uns Joseph Shabalala zum Konzertabschluß auf die Bühne holte, konnte ich mich hinterher auswringen. So viele Menschen hatten sich wohl noch nie zuvor in diese Kirche gedrängt. Wiederum einen Tag später spielten wir in der Philharmonie zusammen. Wir bestritten den ersten Teil, »Ladysmith« die zweite Hälfte. Beim anschließenden Umtrunk in der Philharmonie-Bar erzählte mir Joseph von seiner großen Kinderschar

Ladysmith Black Mambazo und die Bläck Fööss auf dem Dach des Maritim-Hotels

»Shabalalas Jupp« und T. E. am 11. August 1990 auf der Domplatte

und davon, daß in seinem Heimatland ein Mann erst dann ein angesehener Mann ist, wenn er viele Kinder hat, und die auch ernähren kann. Ins Schwärmen kam er, als er später meinen roten MG sah. Ich mußte ihm versprechen, daß ich ihn am nächsten Morgen im Hotel abholen und zum Flughafen fahren würde. Dummerweise regnete es an diesem Morgen. Ich befestigte zwar das Notverdeck, hatte aber die seitlichen Steckfenster meines spartanischen Roadsters vergessen. Ich bat ihn, Papier auf seine Beine zu legen, damit sie nicht naß werden, denn das Wasser lief vom Dach seitlich ins Auto auf unsere Hosen. Als wir am Flughafen Wahn ankamen, waren wir beide patschnaß. Joseph hatte aber trotzdem seinen Spaß an meinem Auto und meinte: »Oh, what a nice car.«

Als wir damals in Daun das Stück »Homeless« einstudierten, hat wohl kaum jemand daran gedacht, daß wir Jahre später mit dieser wunderbaren Gruppe einmal gemeinsam auf einer Bühne stehen würden. Schon gar nicht, daß Nelson Mandela zu unserem »Homeless«-Gesang mal vor der Bühne swingen sollte. Nach der Freilassung des südafrikanischen Bürgerrechtlers hatte die SPD und die Organisation »Künstler in Aktion« im Juni 1990 zu Ehren Mandelas in Bonn einen Empfang gegeben. Auch die Fööss wurden eingeladen. Rund 150 geladene Gäste warteten in einem Bonner Hotel. Dann kam Willy Brandt mit Nelson Mandela und dessen Ehefrau Winnie in den Saal. Die Leute waren aus dem Häuschen. Alle klatschten sich die Hände wund. Nach einer Rede von Willy Brandt (Wolfgang Niedecken sprach für die »Künstler in Aktion«) gingen wir auf die Bühne. Die meisten Gäste hatten zu diesem Zeitpunkt zwar schon das Büffet im Blick, aber nach einer kurzen Ansage von mir war es einigermaßen ruhig. Dann stimmten wir »Homeless« an. Rechts vor der Bühne saß Nelson Mandela an einem großen runden Tisch. Er kannte das Lied, schaute interessiert zu uns hinauf. Bei dem rhythmisch-komplizierten Part sprangen plötzlich die Mitglieder der Gruppe »Sarafina« auf die Bühne und sangen mit. Auch Nelson Mandela hielt es nicht mehr am Tisch. Er erhob sich von seinem Stuhl und bewegte sich leicht schwingend hin und her. Ich glaube, die meisten Leute haben überhaupt nicht kapiert, was da plötzlich ablief. Das strotzte vor Spontaneität, Etiketten wurden über Bord geworfen. Es war einfach Freude. Nach dem Auftritt kam er zum Bühnenrand, bedankte sich und schüttelte uns allen die Hände. Ich war überwältigt.

Auch in diesem Jahr bereiteten wir unser Millowitsch-Konzert wieder in Daun vor. Wie immer überlegten wir, wer diesmal als Gast dabei sein sollte. Schon früher hatten wir überlegt, Trude Herr in unser Programm einzubauen. Was zunächst daran scheiterte, daß sie mit ihrem eigenen Theater genug zu tun hatte. Später war es nicht mehr möglich, weil sie auf die Fidschi-Inseln ausgewandert war. Im Januar kehrte sie nach Köln zurück, um aber gleich wieder in Richtung Südfrankreich weiterzuziehen.

Da Trude nun wieder relativ nah war, wurde die Idee neu aufgegriffen. Ich war eher zurückhaltend, dachte an ihre Krankheit und das »Theater«, das ihr in Köln bevorstehen würde. Ich habe Trude dann doch angerufen, am Nachmittag des 13. März. Sie hat sich über den Anruf sehr gefreut, entschuldigte sich sofort, daß sie solange nichts von sich hat hören lassen. Nachdem sie mir von ihrem neuen Haus in der Nähe von Aix-en-Provence erzählt hatte, erklärte ich ihr, was wir im Millowitsch-Theater dieses Jahr machen wollten. Grundsätzlich war Trude von der Idee, sie ins Programm einzubauen, angetan. Uns zu Liebe wollte sie mitmachen. Es sollte aber auf keinen Fall wie eine Rückkehr ins Millowitsch-Theater aussehen. Das mußte ich ihr versprechen.

Das nächste Telefonat fand am darauffolgenden Freitag statt. In der Zwischenzeit hatte ich mit ihrem Berater Manfred Schmidt gesprochen, der während ihres gesamten Fidschi-Aufenthalts immer den Kontakt zu Trude aufrechterhalten hatte. Auch er war einverstanden. Als Trude an diesem Freitag ans Telefon kam, merkte ich, daß sie große Atemnot hatte. »Ich bin hier noch am Einräumen, die Bücher sind so staubig, und draußen hält der Frühling Einzug. Mit dem Pollenflug habe ich meine Schwierigkeiten. Aber in zwei Tagen ist das wieder weg. Das kenne ich schon«, beruhigte sie mich. Danach besprachen wir den Terminplan für die Anreise und die Proben. Außerdem überlegte ich mit ihr, was wir auf der Bühne zusammen machen könnten. Ich schlug ihr von ihrer LP die Songs »Die Stadt« und »Niemals geht man so ganz« vor. Schwerer tat ich mich, ihr als Zugabe »Ich will keine Schokolade«, ein Titel aus ihrer frühen Filmkarrierezeit, mit der sie endgültig fertig war, nahezulegen. Doch zu meiner Überraschung meinte sie nur »Warum nicht?«, gab mir aber sofort zu verstehen, daß sie wegen ihrer Krankheit nicht mehr auf der Bühne rumspringen könne. »Ich brauche auf der Bühne einen Hocker zum Sitzen!«

Bevor ich mich an diesem Freitag am Telefon von ihr verabschiedete, meinte sie zum Abschluß: »Ich freue mich op üch. Jetz muß ich mich e besje beiele, ich fahre met mingem kleine Auto en et Dorf. Ich muß noch jet enkaufe.«

Die Nachricht von Trudes Tod erreichte uns am nächsten Tag in Daun. Ich saß gerade mit Erry und meiner Freundin Marlene im Restaurant. Plötzlich kam Willy Schnitzler mit blassem Gesicht an unseren Tisch. »Trude ist tot.« Am nächsten Morgen sind wir alle nach Hause gefahren. Wir hatten zwar noch ein Riesenpensum vor uns, aber es war nicht mehr möglich weiterzuarbeiten.

Das »L. S. E.« – Projekt

För et Hätz un jäjen d'r Kopp

Der Drang, etwas Neues, außerhalb der Arbeit mit den Fööss, zu machen, war bei mir schon immer vorhanden. Ende der 70er Jahre wurde das Gefühl immer stärker. Damals mußte ich mich aber auf Live-Sessions oder als Gastmusiker bei verschiedenen Plattenprojekten beschränken. Denn bei den Bläck Fööss galt eine eiserne Regel: Du sollst nur einem Herren dienen, was für mich aber zusehends eine Zwangsjacke wurde. Denn gerade durch die regelmäßigen Treffs mit anderen Musikern und Künstlern wurde das Bedürfnis, zwischendurch etwas anderes zu machen, immer größer. Für mich eine ganz normale Entwicklung, die mein Verhältnis zur Band auch nicht tangierte. Ganz im Gegenteil, durch die Gespräche mit anderen Musikern erfuhr ich, wie sehr die Arbeit der Fööss von diesen Leuten anerkannt wurde. Trotz aller Schwierigkeiten, die Rolf Lammers mit der Arbeit und der Ideologie der Bläck Fööss hatte, hat er nie schlecht über seine ehemalige Band gesprochen. »Einmol ne Fooss, immer ne Fooss!«

»Mensch, m'r müsse ens jet zesamme maache« ist zwar einer der beliebtesten Sprüche unter Musikern, wird aber selten ernst genommen, und noch seltener führt er zu einer gemeinsamen Arbeit. Bei Arno Steffen und Rolf Lammers war das anders. Irgendwann vor vier Jahren haben wir uns mal in Rolfs Studio verabredet, ein bißchen rumgesponnen, einen Kassettenrecorder mitlaufen lassen und dabei sehr schnell gemerkt, daß bei dem Spaß auch etwas Fruchtbares entstand. Auch danach haben wir uns nie regelmäßig verabredet, sondern lediglich spontane Treffs abgemacht. Die Koordination war mit großen Schwierigkeiten verbunden. Arno arbeitete an seinen verschiedenen Projekten, Rolf hatte sein Tonstudio, und ich war mit den Fööss immer auf Achse. Weil die Arbeit aber riesigen Spaß machte, hat es mir nie etwas ausgemacht, daß die Treffs immer in der Urlaubszeit der Bläck Fööss stattfinden mußten. Trotzdem sind in diesen vier Jahren eine Menge Songs entstanden. Was mit den Liedern geschehen sollte, war uns allen anfangs nicht so recht klar. Zumindest war an eine gemeinsame LP damals noch nicht gedacht.

Konkreter wurde die Sache erst im Herbst 1990. Da haben wir das Demo-Material einmal EMI-Direktor Helmut Fest vorgespielt. Ihm hat nicht nur das Material gut gefallen, sondern er sah auch einen Reiz in der Konstellation Lammers-Steffen-Engel, kurz »L. S. E.« Darüber hinaus kannte Helmut auch immer die Problematik Engel – Bläck Fööss. Über seine Tätigkeit als Direktor hinaus versuchte er stets als Freund der Gruppe zu vermitteln, wenn es mal wieder intern gekracht hatte. Helmut versteht sein Business, hat aber seine kölsche Seele nicht verloren und zeigt auch offen seine Emotionen. Vielleicht kann er auch vieles gut nachvollziehen, was in den Köpfen von Musikern vorgeht, weil er selbst in den 60er Jahren mal Schlagzeuger bei den Kölner Bands »Craw Daddies« und »In'crowd« war. Als Helmut Fest die Titel gehört hatte, beschloß er spontan: »Das muß die Company machen.«

Damit stand fest, daß wir ins Studio gehen und Musiker, mit denen wir vorher schon diverse Sessions gemacht hatten, zu den Aufnahmen der Grundplays einladen konnten. Die Studio-Band setzte sich aus folgenden Musikern zusammen: Helmut Kruminga an der E-Gitarre, Hans Maahn am Baß, Arno Steffen an der Akustik-Gitarre, Rolf Lammers spielte Klavier und Hammond, und ich saß am Schlagzeug. Es war wie früher. Ich erinnerte mich an die Zeiten in Dieter Dierks Studio, als ich noch regelmäßig hinter den Drums gesessen habe. Erst wurde eine Woche lang in Rolfs »Mascot«-Studio geprobt, dann ging's zu René Tinner ins »Can«-Studio in Weilerswist, wo Dieter Krauthausen am Regiepult saß. Dieter versteht nicht nur sein Handwerk am Pult, sondern er ist darüber hinaus ein guter Musiker und im Studio kaum aus der Ruhe zu bringen, was bei den Aufnahmen besonders wichtig war. Eine Eigenschaft, die übrigens

Rolf Lammers, Arno Steffen, T. E., Frank Baum, Dieter Krauthausen

auch Marius Müller-Westernhagen zu schätzen wußte. Unter anderem saß er bei dessen Album »Halleluja« am Mischpult, das René Tinner mitproduzierte.

Im Januar haben wir dann in Weilerswist die LP live eingespielt. Die Aufnahmen waren innerhalb von zwei Wochen im Kasten, obwohl die Studio-Arbeit nicht ganz problemlos war. Die Schwierigkeiten waren jedoch nur künstlerischer Natur und konnten bald ausgeräumt werden. Eine ganz natürliche Sache, wenn drei Individualisten plötzlich etwas zusammen machen. Einmal beißt man sich an einem Song fest, weil irgend etwas noch nicht stimmig ist, man kann aber nicht erklären warum. Ein anderes Mal dagegen fährt man nach einem gemeinsamen Frühstück ins Studio und hat einen Song innerhalb weniger Stunden auf Band. Das beste Beispiel ist der Titel »Stinkefinger«. Den haben wir bei den Studio-Sessions immer mal wieder gespielt, aber das Ergebnis war nie so befriedigend. Erst am letzten Aufnahmetag klappte es auf Anhieb. Nach dem Kaffee setzte sich die Band an ihre Instrumente, und siehe da, beim ersten Take war die Aufnahme im Sack. Wie so etwas funktioniert, kann niemand erklären. Anschließend wurde in Rolfs »Mascot«-Studio und im »Fertig-United«-Studio diverse Instrumente aufgesetzt – die sogenannten »Overdubs«. Dabei halfen uns Frank Baum an der Pedal-Steel-Gitarre, Wolfgang Gerhard an der Flamenco-Gitarre, Jay Stabley an der E-Gitarre und Franz Martin Willizil an der Akustik-Gitarre.

Eigentlich hätte unser Album schon im Herbst erscheinen können. Aber für Arno, Rolf und mich stand von vornherein fest, daß dieses Projekt nicht mit der Arbeit der Bläck Fööss kollidieren sollte. Und da im Herbst '91 die neue Studio-LP der Fööss erscheinen soll, wurde die Veröffentlichung des »L.S.E.«-Albums zunächst zurückgestellt. Vermutlich erscheint unsere Platte daher erst im kommenden Jahr. Schade ist nur, daß das gesamte Projekt unter einem enormen Druck stattfand, von dem sich niemand innerlich so leicht lösen konnte. Rolf Lammers mußte nach dem plötzlichen Tod seines Partners Fritz Welter das Studio am Bonner Wall räumen, weil das Gebäude verkauft wurde. Neben den Aufnahmen im »Can«-Studio mußte er sich um den Umzug kümmern und nach einem geeigneten Objekt auf die Suche machen. Das war natürlich mit erheblichem Streß verbunden, der sich zwangsläufig auf die Studio-Arbeit niederschlug. Das wiederum bereitete Arno Steffen Probleme, der von Rolfs Streß angesteckt wurde. Zudem standen durch dieses Projekt und meinen Karnevalsausstieg bei den Fööss viele ungeklärte Dinge im Raum, die mich natürlich belasteten. Und nicht zuletzt rückte der Termin zur Manuskriptabgabe dieses Buches immer näher. Manchmal kütt et knöppeldeck. Im nachhinein ein positiver Streß, weil die Arbeit unterm Strich einfach Spaß gemacht hat. Das meiste Verständnis brachte meine Freundin Marlene auf, die mir zur Seite stand und mich immer wieder ermutigte und aufbaute.

Das letzte Kapitel?

Erst waren es nur Gerüchte. Dann war schon klar: Tommy Engel verläßt Ende 1991 endgültig die Bläck Föss! Tatsächlich stand bis Anfang Juli alles auf der Kippe. Meinen Karnevalsausstieg und das »L.S.E.«-Projekt wollte die Band nicht akzeptieren. Die Gruppe hätte natürlich lieber gesehen, wenn ich im Karneval weiterhin mit aufgetreten wäre und das »L.S.E.«-Projekt erst gar nicht stattgefunden hätte. Mit Karneval hatte ich aber schon abgeschlossen. Und am Projekt wurde bereits im Studio gearbeitet. Für alle Beteiligten ermüdende Diskussion wurden geführt. Niemand in der Band wollte die Auflösung der Bläck Fööss. Aber an der Regelung, die vor 20 Jahren getroffen wurde, daß alle künstlerischen Einkünfte durch sechs geteilt werden, wollte man festhalten. Dazu wurde auch meine Arbeit mit Rolf Lammers und Arno Steffen gezählt. Für mich stand aber fest, daß diese Arbeit nichts mit den Fööss zu tun hatte.
Schließlich hatte ich nur für das »L.S.E.«-Projekt den größten Teil meiner Freizeit geopfert. Glücklicherweise stand ich mit dieser Meinung nicht alleine da. Auch Erry wollte, daß sich in diesem Punkt etwas ändert. Die Regelung ging nämlich so weit, daß Erry die Einnahmen eines Songs durch sechs teilen mußte, den die Fööss zuvor abgelehnt hatten, der aber von den »Pavaier« veröffentlicht wurde und relativ erfolgreich war. Schon vor zehn Jahren hatten Erry und ich versucht, diese Vereinbarung zu lockern. Ohne Erfolg. Denn die Band sah darin das Fundament ihres weiteren Bestehens.
Im Prinzip ist eine solche Regelung in Ordnung. Wenn jeder gleichermaßen für die Gruppe da ist und arbeitet. Jeder so, wie er kann. Aber diese Vereinbarung sollte sich nur auf die Arbeit mit den Fööss beschränken. Als junge Band hatten wir damit keine Probleme. Wir haben gearbeitet, und alle Einnahmen wurden

geteilt. Doch mit den Jahren entwickelt sich jeder einzelne, hat andere Interessen. Manchem reicht die Arbeit bei den Fööss, er ist froh, wenn er in spiel- und studiofreier Zeit mal nichts mit Musik zu tun hat. Ich spiele aber kein Golf, segle nicht oder unternehme mehrmals im Jahr große Reisen. Wenn es mich im Urlaub oder in meiner Freizeit packt, dann kann es passieren, daß ich mit anderen Musikern etwas mache. Das sollte jedem selbst überlassen bleiben. Oft sind dabei auch Ideen oder Songs entstanden, die später von den Fööss gemacht wurden. Selbstverständlich flossen die Einnahmen daraus auch anschließend in den gemeinsamen Topf.

Das »L.S.E.«-Projekt habe ich anders gesehen, zumal die Songs im Team mit Rolf Lammers und Arno Steffen entstanden sind und bei beiden von vornherein klar war, daß kein Titel für die Fööss sein sollte. Das sollte unser gemeinsames Ding bleiben. Deshalb konnte ich auch nicht akzeptieren, daß ich meinen Anteil der zu erwartenden »L.S.E«-Einnahmen auch noch mit jedem Fööss-Mitglied teilen sollte. Vielleicht hatten die Fööss auch nur Angst vor Konkurrenz aus den eigenen Reihen. Obwohl zwischen Arno, Rolf und mir nie die Rede davon war, eine neue Band zu gründen, die regelmäßig tingelt. Dazu war Arno ohnehin nicht zu haben. Wenn die LP veröffentlicht ist, werden wir sicherlich mal den ein oder anderen Gig machen, um die Songs mal live zu spielen. Denn die größte Motivation bei »L.S.E.« ist der Spaß.

Im Juni spitzte sich die Kontroverse in der Band immer mehr zu. Der einzige, der Verständnis hatte, war Erry. Als sich die Fronten verhärteten, erklärte er: »Wenn Tommy die Gruppe verlassen muß, dann gehe ich auch.« Was in meinen Augen das Ende der Fööss bedeutet hätte. Gleichzeitig versuchte er aber immer wieder, zwischen der Band und mir zu vermitteln. Auch Reiner Hömig engagierte sich sehr stark und suchte nach einer Lösung. Es mußte etwas passieren. Denn diese angespannte Situation und die Unklarheit, wie es nun weitergehen sollte, übertrug sich natürlich auch auf die Leute, mit denen wir tagtäglich zusammenarbeiteten. Ich kann an dieser Stelle nur unserer Crew, Matthias Becker, Uwe Sprafke, Nick Knorr, Siggi Müller und Anne Altschuk danken, die unter den Querelen litt, aber Geduld und Verständnis aufbrachte. Nach langem Überlegen und einem Gespräch mit Reiner und Erry erklärte ich mich dann einverstanden, die Einnahmen aus »L.S.E.« in den Gruppentopf zu geben. Denn der Erhalt der Fööss lag auch mir am Herzen. Gleichzeitig wird nun an einer neuen Band-Vereinbarung gearbeitet, die ab 1. Januar 1992 solche Differenzen ausschließen soll und jedem einzelnen Mitglied die Möglichkeit läßt, sich auch außerhalb der Fööss künstlerisch zu betätigen.

Alle Probleme sind damit nicht vom Tisch. In den letzten Jahren hatte sich die Gruppe mehr oder weniger in zwei Lager aufgeteilt. Jedes kochte sein eigenes Süppchen. Deshalb war es auch nicht mehr möglich, bei der Ausarbeitung von Ideen und Songs zusammenzuarbeiten. Man ließ sich nicht mehr reinreden – nach dem Motto: Ihr macht euren Kram und wir unseren. Was von manchen Bandmitgliedern zeitweise sogar noch als gute Lösung angesehen wurde.

Man ließ sich nicht mehr in den Kochtopf gucken. Das muß sich ändern. In Zukunft muß es wieder möglich sein, in allen Konstellationen miteinander zu arbeiten. Das geht aber nur, wenn man das wirklich will und sich gegenseitig respektiert. Dann steht einer weiteren Existenz der Band nichts im Wege. Im Prinzip ist sich jeder der Wertigkeit der Bläck Fööss bewußt. Jeder auf seine Art, weil sich jeder im Laufe der Jahre sein eigenes Bild von der Gruppe gemacht hat. Gerade diese unterschiedlichen Meinungen machen das breite Spektrum der Fööss aus. Wo gibt es schon eine Band, die bei Kindern, Jugendlichen, mittleren Jahrgängen, älteren Menschen und Karnevalisten gleichermaßen beliebt und erfolgreich ist. Man kann sich streiten, aber man darf nicht im Streit auseinandergehen. Ich bin froh, daß es weitergeht. Es scheint so, als wäre dieses Kapitel doch nicht das letzte.

Meine neun Geschwister
oben v. l. n. r.: Hanny, Mia, Henny, Albert, Marga, Peter.
unten v. l. n. r.: Josef, August, Ully beim 60. Geburtstag
von Bruder Peter. Ich kam zu spät.

BLÄCK

Et es 20 Johr jenau jetz her
- 1C 7 94287 1-186 DMM 2LP
- 1C 7 94287 4-286 2MC
- 1C 7 94287 2-686 2CD

Bläck Fööss & Fründe (Live)
- 1C 7 92890 1-198 DMM 2LP
- 1C 7 92890 4-298 2MC
- 1C 7 92890 2-698 2CD

Was habst du in die Sack
- 1C 7 90668 1-134 2LP
- 1C 7 90668 2-634 2CD

Endlich frei
- 1C 7 48761 1-066 DMM
- 1C 7 48761 4-266
- 1C 7 48761 2-566

Pänz, Pänz, Pänz
- 1C 7 48087 1-038 DMM
- 1C 7 48087 4-238
- 1C 7 48087 2-538

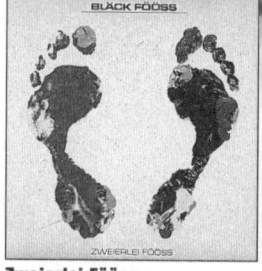

Zweierlei Fööss
- 1C 14 7219 1-066 DMM
- 1C 14 7219 4-266
- 1C 7 46453 2-564

Em richtije Veedel …
- 1C 7 93839 1-038 DMM
- 1C 7 93839 4-238
- 1C 7 93839 2-538

Schöne Bescherung
- 1C 14 7099 1-066 DMM
- 1C 14 7099 4-266
- 1C 7 46181 2-564

Mir klääve am Lääve
- 1C 14 6985 1-066 DMM
- 1C 14 6985 4-266
- 1C 7 46179 2-564

FÖÖSS

Immer wigger
- 1C 7 93838 1-038 DMM
- 1C 7 93838 4-238
- 1C 7 93838 2-538

Morje, Morje
- 1C 7 93837 1-038 DMM
- 1C 7 93837 4-238
- 1C 7 93837 2-538

Wenn et jöck...
...dann weed et Zick
- 1C 7 93836 1-038 DMM
- 1C 7 93836 4-238
- 1C 7 93836 2-538

Bläck Fööss – Live
- 1C 138-46 275/76
- 1C 438-46 277
- 1C 7 93833 2-634 2CD

D'r Rhing erop – d'r Rhing eraf
- 1C 15 7713 1-038
- 1C 15 7713 4-238
- 1C 1 57713 2-538

Uns Johreszigge
- 1C 15 7711 1-038
- 1C 15 7711 4-238
- 1C 1 57711 2-538

Mer han 'nen Deckel
- 1C 15 7712 1-038
- 1C 15 7712 4-238
- 1C 1 57712 2-538

Links eröm – rächs eröm
- 1C 15 7710 1-038 DMM
- 1C 15 7710 4-238
- 1C 1 57710 2-538

Bei uns doheim
- 1C 15 7709 1-038
- 1C 15 7709 2-538

ELECTROLA

WOLFGANG NIEDECKEN
AUSKUNFT

Mit zahlreichen Fotos
Broschur

Wolfgang Niedecken erzählt über sein Leben und über seine Arbeit: die Kindheit in der Kölner Südstadt, die Schulzeit, die ersten Bands und das Kunststudium. Den Durchbruch 1982 und die großen Tourneen nach China, Nicaragua, Mosambik und die UdSSR. Das Innenleben der Band und die Freundschaft mit Heinrich Böll.

KIEPENHEUER & WITSCH

SCHLAFEN KANN ICH, WENN ICH TOT BIN
DAS ATEMLOSE LEBEN DES
RAINER WERNER FASSBINDER
AUFGESCHRIEBEN VON HARRY BAER
KiWi 223

Für alle, die ihn kannten, war Rainer Werner Fassbinders Tod 1982 ein Schock. Harry Baer schreibt von der besessenen Arbeit Rainer Werner Fassbinders und von der langen Freundschaft zu ihm — *die* Fassbinder-Biografie.

»Einer ist da, der noch gelähmter wirkt als die anderen: Harry Baer, der treueste der Treuen. Es gibt wahrscheinlich niemanden, der Fassbinder so gut kannte wie er.« *Hans Christoph Blumenberg, Die Zeit*

KiWi Paperbackreihe bei Kiepenheuer & Witsch

CHARLES BUKOWSKI
HOT WATER MUSIC
Erzählungen
Titel der Originalausgabe: *Hot Water Music*
Aus dem Amerikanischen von Carl Weissner
KiWi 171

Hot Water Music — das sind 36 Stories von Charles Bukowski, ein Zug durch die Unterwelt von Los Angeles. Stories über die Liebe, den Alkohol, über die öden Bars, über die Männer und die Frauen.

KiWi-Paperbackreihe bei Kiepenheuer&Witsch

RENAN DEMIRKAN
SCHWARZER TEE MIT
DREI STÜCK ZUCKER

Leinen

Renan Demirkans Buch, das zum Teil auf autobiographi-
schen Erfahrungen basiert, erzählt in eindringlichen Bil-
dern die große Reise vieler türkischer Mitbürger aus ihrer
Heimat nach Deutschland. Eine Erinnerungsreise in die
eigene Vergangenheit und zugleich ein Blick in die Zukunft.

KIEPENHEUER & WITSCH

Richard Rogler
Mitternachtsspitzen

Richard Roglers gesammelte Auftritte
Texte: Richard Rogler und Jörg Metes
KiWi 212

Die umwerfenden Bühnen- und Fernsehmonologe Richard Roglers sind mehr als traditionelles politisches Kabarett. Sie zielen nicht in erster Linie auf Pointen im politischen Tageskampf, sondern auf die grundlegenden Krisen unserer bundesdeutschen Wirklichkeit.

KiWi Paperbackreihe bei Kiepenheuer & Witsch